Friedrich Delitzsch

Die Entstehung des ältesten Schriftsystems

Der Ursprung der Keilschriftzeichen

Friedrich Delitzsch

Die Entstehung des ältesten Schriftsystems
Der Ursprung der Keilschriftzeichen

ISBN/EAN: 9783743361881

Hergestellt in Europa, USA, Kanada, Australien, Japan

Cover: Foto ©Suzi / pixelio.de

Manufactured and distributed by brebook publishing software (www.brebook.com)

Friedrich Delitzsch

Die Entstehung des ältesten Schriftsystems

Die

Entſtehung des älteſten Schriftſyſtems

ODER

DER URSPRUNG DER KEILSCHRIFTZEICHEN

DARGELEGT

VON

Friedrich Delitzſch

LEIPZIG
J. C. Hinrichs'ſche Buchhandlung
1897

J. H. HAYNES

H. V. HILPRECHT

J. P. PETERS

DEN HOCHVERDIENTEN ERFORSCHERN

DES RUINENFELDES VON NIPPUR

DANKBARST ZUGEEIGNET.

VORWORT.

Wenn sich der in diesem Buche gemachte Versuch, den Ursprung der babylonischen Keilschriftzeichen zu enträthseln, als im Wesentlichen geglückt bewähren wird, werden viele meiner Erklärungen höchst einfach und sehr leicht erkennbar scheinen, und ich werde mich freuen, ebendamit ihre Natürlichkeit anerkannt zu sehen. Wenn die von mir befolgte Methode als richtig befunden wird, dann werden die gegenwärtig im Schwange gehenden Vergleichungen der sumerisch-babylonischen Schrift mit der ägyptischen und chinesischen, so aussichtslos sie meines Erachtens auch sein mögen, wenigstens nicht länger der wissenschaftlichen Operationsbasis entbehren. Und wenn durch diese Schrift in einen der dunkelsten Winkel der assyriologischen Forschung endlich einmal Licht gebracht sein sollte, so wird es eine Freude sein, den keilschriftlichen Elementarunterricht von Grund aus umzugestalten, zu vereinfachen und zugleich zu vertiefen. Da all dies und noch manches Andere aber einstweilen noch sicherer von einem Wenn abhängig gemacht wird, so sei schon im Voraus jede ernste Kritik, wie auch immer sie ausfallen möge, meinerseits — im Interesse der Sache — dankbar und freudig willkommen geheissen.

Breslau, am 18. November 1896.

Friedrich Delitzsch.

INHALT.

	Seitenzahl
Einleitung	1 — 40
§ 1. Die babylonische Keilschrift im Allgemeinen und ihre einzelnen Entwickelungstufen	1 — 8
§ 2. Die Wichtigkeit der Frage nach dem Ursprung der Keilschriftzeichen	9 — 15
§ 3. Übersicht über die bisherigen Arbeiten und Ergebnisse	15 — 37
§ 4. Mein eigener Versuch	37 — 40
Erstes Kapitel: Die 180 bekannten Zeichenkomposita	41 — 61
§ 5. Zeichenkomposition ein Hauptmittel der Schriftbildung	41 — 43
§ 6. Zusammenfügung gleicher Zeichen	43 — 48
§ 7. Zusammenfügung ungleicher Zeichen. 1. Aneinanderfügung	48 — 52
§ 8. 2 Ineinanderfügung (*ad, ṣi* und andere)	52 — 61
Zweites Kapitel: Die ihrem Ursprung nach unbekannten 200 Zeichen	62—208
I. Gunierung.	
§ 9. Die von den Assyrern selbst als „guniert" bezeichneten Zeichen	62— 74
§ 10. Neue Gunu-Zeichen (*kablu, nappaḫu, dul, zag* und andere; *gal, nun, ku, luḫ*)	74—100
II. Zusammensetzung gleicher Zeichen.	
§ 11. Bildung neuer Zeichen mittelst Zwei-, Drei- und Viermalsetzung des Grundzeichens (*didḫ, tur, zab, gan, inbu*)	100—106
III. Zusammensetzung ungleicher Zeichen.	
§ 12. Erste Serie: → (*diru, bur, ig, leš, bat, kul, mu*)	106—121
§ 13. Zweite Serie: ◁ (*gu, abnu*), ⚹ (*gi, zi*)	121—132
§ 14. Dritte Serie: ⋙ (*sar, li, tu, ter, in, uz*)	132—136
§ 15. Vierte Serie: ⋈ (*eu, su, ib, erin, uu, dun*)	137—145
§ 16. Fünfte Serie: ⬒ (*emûku, kiš, ug, az, imêru, alim, ḫuš*)	145—152
§ 17. Sechste Serie: L (*šu, u, nûn, mi, dugud, gig, dul, gibil* und andere)	152—158
§ 18. Siebente Serie: *ra, rad; dam, eu, maḫ*	158—164
IV. Bildung sekundärer Urzeichen.	
§ 19. Das Urzeichen 𒈞 und seine Verwandten (*sa, bîtu, kit, bâbu, bâr, šit*)	164—171
§ 20. Das Urzeichen ◇ und seine Verwandten (*te, kar, ki, di, ub, im, tik, ne, ta, šá*)	171—179
§ 21. Das Urzeichen 𒐕 und seine Verwandten (*šú, da, id; num*)	179—183
§ 22. Die Urzeichen ⬅ und ⬉ und ihre Verwandten (*sag, ka; ban*)	183—186
§ 23. Das Urzeichen □ und seine Verwandten (*um, dub, erû, ku, lu, sig*)	186—189
§ 24. Erklärung einiger weiterer Urzeichen (*libbu, lal, ni, ur, i, amêlu*)	189—194
§ 25. Ergebnisse	195—199
§ 26. Die „Hieroglyphentafel"	199—204
§ 27. Rückblick auf Sᵇ	204—208
Drittes Kapitel: Überblicke und Ausblicke	209—231
§ 28. Überblick über die ursprünglichsten babylonischen Schriftzeichen	209—213
§ 29. Veranlagung und Kultur des Volks der Schrifterfinder	214—220
§ 30. Ausblick auf das phönikische Alphabet	221—231
Verzeichniss der besprochenen Keilschriftzeichen	232—239
Verbesserungen	240

Einleitung.

§ 1.
Die babylonische Keilschrift im Allgemeinen und ihre einzelnen Entwickelungsstufen.

Mehr denn drei Jahrtausende ist die „babylonische Keilschrift" innerhalb des eigentlichen Babylonien das herrschende Schriftsystem gewesen. Während des 15. und 14. Jahrhunderts diente sie, wie der Thontafelfund von El-Amarna gelehrt hat, den Königen und Statthaltern Kanaans und anderer vorderasiatischer Länder als Vermittlerin des diplomatischen Verkehrs. Die Schrift des grossen östlichen Nachbarreiches Babyloniens: Elams mit der Hauptstadt Susa, hat ihren Ursprung in dem babylonischen Schriftsystem, vor allem aber ist aus der babylonischen Keilschrift die assyrische Keilschrift hervor-

Einleitung.

gegangen, welche ihrerseits wieder die Mutter der „armenischen" Keilschrift geworden ist. Die ältesten uns zur Zeit bekannten menschlichen Schrifturkunden — so dürfen wir im Hinblick auf die neuesten Funde in Nippur wohl sagen, ohne die Altehrwürdigkeit der ägyptischen Hieroglyphen anzutasten — sind in babylonischer Schrift geschrieben, und seit jener uralten Zeit ist das weitaus Meiste, was von der Geschichte und den Kulturerrungenschaften der vorderasiatischen Völker von Elam bis nach Kappadocien und von Armenien und Mesopotamien bis hinab nach Südkanaan bis jetzt bekannt geworden ist, durch das Medium der babylonischen Keilschrift auf uns gekommen.

Die babylonische Keilschrift — um von dieser mit Beiseitelassung ihrer alt- und neususischen und armenischen Abarten fortan ausschließlich zu handeln — hat während ihres überaus langen, weit über drei Jahrtausende zu beobachtenden Bestandes eine wesentliche Umgestaltung ihres Systems nicht erfahren. Die babylonisch-assyrische Schrift blieb stets, was sie von Anfang an gewesen, eine gemischt ideographische und

§ 1. Die babylonische Keilschrift im Allgemeinen.

syllabische Schrift: die einzelnen Schriftcharaktere bezeichneten ganze Wörter (Gegenstände, Begriffe) ohne Rücksicht auf deren 1- oder 2- oder mehrsylbige Lautierung; zugleich aber dienten einzelne dieser Zeichen, sofern ihnen einsylbige Wörter entsprachen, auch als Zeichen für diese Sylben als solche, z. B. für mu, un, a. Im Anfang außerordentlich beschränkt, gewann diese Verwendung der Wortzeichen als Sylbenzeichen immer gewaltigeren Umfang, trotz alledem aber blieb die babylonische Schrift bis zu ihrem Absterben eine gemischt ideographische und syllabische Schrift.

Sehr große Umgestaltungen erlitt dagegen die babylonische Schrift in der äußeren Gestalt ihrer einzelnen Schriftzeichen. Der immer umfassendere und lebhaftere Schriftgebrauch bedingte eine mehr oder weniger bedeutende Vereinfachung der im Altbabylonischen zumeist schwerfälligen und verwickelten Schriftcharaktere, und so vollzog sich denn in systematischer Weise der Übergang der altbabylonischen Schrift in die neubabylonische sowie die neuassyrische Schrift, deren erstere

bereits zur Zeit der El-Amarna-Urkunden, also im 15. vorchristlichen Jahrhundert abgeschlossen erscheint. Etliche Beispiele mögen diese drei Entwickelungsstufen der babylonischen Keilschrift veranschaulichen¹:

ta: altbabyl. 〈cuneiform〉, neubabyl. 〈cuneiform〉, neuassyr. 〈cuneiform〉.
li: altbabyl. 〈cuneiform〉, neubabyl. 〈cuneiform〉, neuassyr. 〈cuneiform〉.
la: altbabyl. 〈cuneiform〉, neubabyl. 〈cuneiform〉, neuassyr. 〈cuneiform〉.
dam: altbabyl. 〈cuneiform〉, neubabyl. 〈cuneiform〉, neuassyr. 〈cuneiform〉.

Das sogen. „Altbabylonische", in welchem auch noch jüngere
Könige, wie z. B. Nebukadnezar, einzelne ihrer Inschriften eingra-
ben liessen, umfasst in sich selbst wieder mehrere, nach grösserer
oder geringerer Alterthümlichkeit sich unterscheidende Unterab-
theilungen, doch ist allen diesen altbabylonischen Schreibweisen
das Eine gemeinsam, dass statt des Keils (〈wedge〉 〈wedge〉 〈wedge〉) wohl vielfach
noch die Linie (— | ⌐) gebraucht wurde, aber die keilförmige
Gestaltung der Linienanfänge - oder köpfe doch bereits mehr oder

---

¹) Zwischen obigen drei Hauptstufen der Entwickelung lassen sich da und dort
noch Mittel- und Übergangsstufen erkennen, doch können wir uns hier natürlich auf
derartige Einzelheiten nicht einlassen.

§1. Die Entwickelungsstufen: Altbabylonisch.

weniger stark hervortritt. Es gilt dies auch von den durch den französischen Consul de Sarzec in der südbabylonischen Ruinenstätte Tello aufgefundenen Denkmälern der altbabylonischen Herrscher Ur-Bau und Gudea. So alterthümlich ihre Schriftweise ist und so viele rein lineare Zeichen wie ⊲, ▷, ▷⊟ auf ihnen vorkommen, so begegnet man doch überall schon den keilförmigen Linienköpfen, weßhalb wir auch diese Texte in der vorliegenden Untersuchung als altbabylonisch bezeichnen.

Die Lesung dieser altbabylonischen Schriftzeichen, das heißt: ihre Identifizierung mit den entsprechenden neubabylonischen oder neuassyrischen Charakteren war gleich von Anfang an durch die große, in semitisch-babylonischer Sprache abgefaßte sogen. East India House-Inschrift Nebukadnezars II. sehr erleichtert und in die richtigen Bahnen gelenkt, und wenngleich die in einem nichtsemitischen Idiom verfaßten Texte Ur-Bau's, Gudea's und wie sonst jene altbabylonischen Herrscher heißen mögen uns mit ihrer Lesung noch in manchen Einzelheiten Schwierigkeiten machen, so ist doch die Zahl der räthselhaften Zeichen nur eine verhältnißmäßig geringe und ist bereits durch die Arbeiten des um die Lesung und Erklärung der Texte von Tello hervorragend verdienten, unserer Wissenschaft leider durch einen viel zu frühen Tod entrissenen französischen Assyriologen Amiaud eine noch geringere geworden.[1]

Das Altbabylonische repraesentiert aber noch nicht die älteste erreichbare Entwickelungsstufe der babylonischen Schriftzeichen. Diese liegt vielmehr vor in der sogen. archaischen Schrift, in welcher noch ausschließlich die Linie das Grundelement jedes einzelnen Schriftzeichens bildet. Auch den Ausgrabungen de Sarzec's verdanken wir eine Anzahl solch hochinteressanter archaischer Schriftdenkmäler: die berühmte Stèle des Vautours[2] und die andern in den Découvertes en Chaldée (pl. 1 N. 2, pl. 1bis N. 1, pl. 2 N. 1-3, pl. 2ter N. 1. 2. 4, pl. 32 u. s. w.) veröffentlichten Inschriften der ganz alten babylonischen Herrscher Uru-

---

[1] S. oben an A. Amiaud et L. Méchineau, Tableau comparé des Écritures Babylonienne et Assyrienne, archaïques et modernes. Paris, 1887. Doch beachte auch die werthvolle Untersuchung Jensen-Zimmern's in ZA III, 1888, S. 199-210: Namen und Zeichen für Hausthiere bei Gudea.

[2] Veröffentlicht und archäologisch meisterhaft besprochen von Léon Heuzey, La

§ 1. Die Entwickelungsstufen: Archaisch.

kagina, Ur-Nina, Ê-dingirana-tum(?) u. a. m. Aber die allerwichtigsten, für die Geschichte der babylonischen Schrift mit ganz besonderer Freude zu begrüßenden archaischen Dokumente sind erst durch die Babylonian Expedition of the University of Pennsylvania aus den tiefsten Tiefen der Trümmerstätte der uralten babylonischen Stadt Nippur ans Tageslicht gefördert und von H. V. Hilprecht in seinem über alles Lob erhabenen Werke: Old Babylonian Inscriptions chiefly from Nippur, Part II, Philadelphia 1896, der wissenschaftlichen Welt zugänglich gemacht worden. Hauptsächlich sind es die Nr. 86-112, die unser höchstes Interesse wachrufen, und unter ihnen hinwiederum war es - neben Nr. 86 - die auf pl. 38-42 als Nr. 87 veröffentlichte Vasen-Inschrift des Königs Lugal-zaggisi, welche vom ersten Augenblick an mein ganzes Denken gefangen nahm. Ein Blick auf diese Texte genügt, um erkennen zu lassen, daß wir hier uralte Schriftdenkmäler vor uns haben. Denn nicht allein, daß einzelne Schriftzeichen noch ältere Formen aufweisen als in den ältesten

---

Stèle des Vautours. Paris 1884. Übrigens s. auch Découvertes en Chaldée, pll. 3-4.

Texten von Tello — die ganze Art und Weise der Schreibung ist eine so urwüchsige, unregelmäßige, allem konventionellen Zwang entrückte, fast möchte ich sagen, eine so wilde, daß ich glaube, wir können getrost sagen: noch ältere Zeichenformen als die auf den Vasen Lugal-zaggisi's dürften kaum noch gefunden werden, oder um mich konkret und zugleich ganz vorsichtig auszudrücken: die in den ältesten Texten von Nippur üblichen Zeichen für „Feuer" und „Name", ⟅ ▭ bez. ✳ →, sind den betreffenden Zeichen der Schrifterfinder gleich oder kommen ihnen wenigstens äußerst nahe. Wenn wir also im Folgenden den Versuch wagen, den Ursprung der babylonischen Keilschriftzeichen zu enträthseln, und es für die Inangriffnahme dieses Problems die selbstverständliche Voraussetzung ist, daß wir von den ältesten Formen der einzelnen Schriftzeichen ausgehen, so dürfen wir jetzt wohl behaupten, daß durch die Funde von Tello und vor allem von Nippur für den größeren Theil aller existierenden babylonischer Zeichen die ältesten Formen in der That erschlossen sind.

§ 2.
Die Wichtigkeit der Frage
nach dem Ursprung der Keilschriftzeichen.

Die Frage nach dem letzten Ursprung jedes einzelnen babylonischen Schriftzeichens ist – wer möchte es läugnen? – von ungewöhnlichem Interesse. Warum – so lautet das Räthsel – schrieben die babylonischen Schrifterfinder die Begriffe

Erde ⌑,
klein ⌑,
zerstören ⌑,
Mensch ⌑,
Volk ⌑,
Feuer ⌑,
Schmied ⌑,
Haus ⌑,
Thor ⌑,
Stein ⌑

u. s. w.? Die Lösung dieses Räthsels, dieser Räthsel erweckt zunächst ethnologisches, ja allgemein menschliches Interesse. Denn es handelt sich um den Ursprung der ältesten zur Zeit bekannten menschlichen Schriftart. Die Lösung des Problems verspricht einerseits, uns einen Einblick zu gewähren in die geistige Veranlagung, das Denk- und Anschauungsvermögen eines uralten menschlichen Stammes, nämlich der bis in das fünfte vorchristliche Jahrtausend zurückzuverfolgenden Ansiedler des babylonischen Tieflands, sie verspricht andererseits, uns die Bekanntschaft mit den im Vordergrunde ihrer Anschauung und ihres Interesses stehenden Dingen (Werkzeugen, Thieren u. s. w.) zu vermitteln. Denn daſs sie Bilder, Abbildungen dieser Dinge bei der Schrifterfindung mit verwertheten, ist ja <u>a priori</u> äuſserst wahrscheinlich[1] und war auch von Anfang an an etlichen Zeichen erkennbar (s. hierüber Näheres im Anfang von § 3).

---

[1] Obwohl ihrer zweiten Hälfte nach nicht direkt hierher gehörig, mögen doch anmerkungsweise die folgenden Worte aus <u>Menant</u>, Le Syllabaire Assyrien, Paris 1869, p. 4 hier Platz finden: „Les théories les plus sérieuses nous permettent de croire <u>a priori</u> que l'expression graphique de la pensée a commencé par la représentation plus ou moins fidèle de l'objet dont on voulait exprimer l'idée. Ce système d'écriture purement figuratif se prêtait assez difficilement aux besoins de l'intelligence; aussi, à un moment donné, on a dû avoir recours à un

§ 2. Die Wichtigkeit des Problems.

Die Frage nach dem Ursprung der Keilschriftzeichen ist aber auch für die assyriologische Forschung speziell und zwar in doppelter Hinsicht von hoher Bedeutung. Zunächst, wie ich glaube, für die sogen. sumerische Frage. Soweit diese Frage in den Zusammenhang dieser unserer rein graphischen Untersuchung gehört (denn sie hat auch noch andere, zum Theil recht heikele Seiten), so besteht sie in dem folgenden Entweder-oder: ist die babylonische Schrift von den semitischen Bewohnern Babyloniens erfunden oder ist sie die Erfindung eines noch älteren nichtsemitischen Volkes Babyloniens, des sogen. sumerischen Volkes? Alle Assyriologen mit ganz wenigen Ausnahmen, auch ich selbst viele Jahre hindurch, antworten: sie muss von einem nichtsemitischen Volk erfunden sein, die Semiten haben sie nur von ihm entlehnt und für ihre eigene Sprache verwerthet. Denn — so lautet die Argumentation — wenn das Schriftzeichen, welches die Semiten für <u>abu</u> „Vater" gebrauchen, daneben

---

autre système: on emprunte, à l'objet représenté, non plus l'<u>image</u> qui le distinguait pour l'œil, mais le <u>son</u> qui le distinguait pour l'oreille, et on applique ce signe partout où le même son se représentait, ... Les écritures cunéiformes procèdent de ce principe."

auch den Sylbenwerth _ad_ (nicht etwa _ab_) hat, so wird der „Vater" in der Sprache der Schrifterfinder _ad_ geheissen haben — _ad_ „Vater" aber ist unsemitisch. Ebenso muss die „Galle" (semit. _martu_) bei den Schrifterfindern _si_ genannt worden sein, da sich dieser Sylbenwerth (nicht etwa _mar_) mit dem betreffenden Zeichen verband. Ebenso _ga_ „Milch" (_sizbu_), _si_ „Horn" (_narnu_) und 100 andere Fälle mehr. Diese Beweisführung scheint in der That sehr einleuchtend. Und doch ging gerade von ihr ein gut Theil meines zeitweiligen antisumerischen Skeptizismus aus. Wollten denn — so frug und forschte ich immer von neuem — wollten die Schrifterfinder mit dem Zeichen ⋈ wirklich den Begriff „Vater" und keinen andern zum graphischen Ausdruck bringen? sollte das Zeichen ursprünglich nicht vielleicht etwas ganz anderes darstellen (wie ja z. B. Oppert selbst in EM II p. 64. 108 darin das Bild des _testicule_ erkennen zu sollen glaubt) und etwa erst auf symbolischem Weg zu seiner Verwendung für „Vater" gekommen sein? So lange nicht der Beweis erbracht war, dass das Zeichen ⋈ wirklich und wahrhaftig nichts als „Vater",

1) EM d. i. Expédition scientifique en Mésopotamie. Tome II. Paris 1859.

§ 2. Die Wichtigkeit des Problems.

das Zeichen ⟨𒅆⟩ nichts als „Galle" bezeichnen sollte und konnte, mußte man mit der Möglichkeit rechnen, daß jene Werthe ad, si, ga auf Entwickelungsreihen beruhen, die uns zur Zeit noch verschleiert sind; es fehlte in jener Beweisführung ein Bindeglied, welches meines Erachtens auch nicht durch die sogen. Nominalverlängerungen d.h. durch den Gebrauch von ad-da für „Vater", von si-a für „Horn" innerhalb der „sumerischen" Texte kompensiert werden konnte. Gelingt aber jener Nachweis, gelingt es mir zu beweisen, daß die Schrifterfinder mit ⟨□⟩ (neuassyr. ⟨𒅆⟩) wirklich ein „Horn" darstellen wollten, ja gerade dasjenige Horn, welches sie recht eigentlich kraft seiner Eigenschaften si nannten, dann bleibt allerdings nichts anderes übrig als daß der Vater in der Sprache der Schrifterfinder ad, die Galle si, die Milch ga, das Horn si hieß, daß die babylonische Schrift eine Erfindung der Sumerier ist und das berühmte Syllabar S^b, welches z.B. in Z. 177 zu dem Zeichen ⟨𒅆⟩ links si-i, rechts kar-nu vermerkt, in der That ein altes sumerisch-semitisches[1] Vokabular darstellt.

[1] „Semitisch" im Gegensatz zu Sumerisch bezeichnet durch diese ganze Schrift

Einleitung.

Die Enträthselung des Ursprungs der Keilschriftzeichen verspricht aber der assyriologischen Forschung noch einen zweiten Gewinn. Es ist bekannt, daß sehr viele babylonische Zeichen zum Ausdruck mannichfacher Wörter dienen, nicht nur einander innerlich oder äußerlich verwandter (synonymer und homonymer), wie z. B. das Zeichen für „Auge" naturgemäß auch für die Begriffe und Wörter „sehen", „schauen", „blicken", „gewahren" u. s. w. verwendet wurde, sondern oft grundverschiedener, z. B. 𒀊 ab für Großvater (Greis), Wohnort, Meer, 𒉺𒂖 für nappaḫu Schmied, šikittum Bewässerung, mummu. Lawinenartig haben sich um einzelne Schriftzeichen die Bedeutungen herumgelagert, welche die babylonischen Schriftgelehrten in oft recht wenig kritischen Zusammenstellungen uns überliefert haben. Es ist hier nicht der Ort, all die labyrinthischen Gänge aufzudecken, welche die Schriftentwickelung bei den semitischen Priestern und Gelehrten im Laufe vieler Jahrhunderte gegangen ist, aber soviel ist jedermann klar, daß, sobald die Urbedeutung der Zeichen gefunden ist, dies von weittragendem, dem

---

hindurch das semitisch-babylonische Idiom.

§ 3. Die bisherigen Arbeiten: J. Oppert.

Ariadnefaden vergleichbaren Werthe für die Erkenntniß der Bedeutungsentwickelung jedes einzelnen Schriftzeichens ist.

§ 3.

Übersicht über die bisherigen Arbeiten und Ergebnisse.

„Tous les signes cunéiformes sont dérivés d'images. — L'écriture cunéiforme a un point de départ hiéroglyphique; il est de la plus haute évidence qu'une foule de monogrammes ont été visiblement la représentation figurée de l'idée qu'ils rendent". So schrieb J. Oppert im Jahre 1859 im II. Bande seiner Expédition en Mésopotamie, näher im 5. Kapitel des 1. Buches, überschrieben: „Origine hiéroglyphique de l'écriture cunéiforme", pag. 63, und fügte hieran als Beweis für seine Behauptung die folgenden Beispiele (p. 63-65): poisson ⟨fish⟩, étoile, dieu ✳, main ≡, oeil ✢, oreille ✣, maison ⌸, coeur ◇, ville (p. 108: champ labouré) ⊜, terre canalisée (p. 110: pays sillonné de canaux) ⊞, lecythus ⌶,

---

1) Was ich altbabylonisch bez. altassyrisch nenne, nennt Oppert archaïque, und was bei mir archaisch ist, ist bei ihm hiératique — in obiger Übersicht konnten wir ruhig auf jede Bezeichnung verzichten.

Einleitung.

tison enflammé, feu [sign]¹¹, chien couché [sign]¹², soleil ◊ (p. 95: indiquant le soleil ○); ferner: cité [sign]¹⁴, tour, temple, autel [sign]¹⁵, terrain mesuré (p. 107: réseau de mesure) [sign]¹⁶, eau en goutte (p. 107: gouttes d'eau) [sign]¹⁷, animal cornu [sign]¹⁸, mâle [sign]¹⁹, femelle [sign]²⁰, testicule (père) [sign]²¹, pied posé [sign]²², tableau [sign]²³, poutre, bois [sign]²⁴, balance [sign]²⁵, flèche [sign]²⁶. Es mag nun sein, dass unter den hier mitgetheilten 26 Beispielen die einen und andern sich nicht bewähren oder zu modifizieren sind², gleich einer nicht geringen Anzahl anderer, welche Oppert vielleicht selbst längst aufgegeben hat und nur der Vollständigkeit wegen anmerkungsweise citiert werden sollen³; es mag auch darauf hinzu-

---

1) Oppert bemerkt hierzu: „c'est exactement le plan d'un temple avec son escalier".

2) Nach meiner Meinung sind unhaltbar die Nrr. 10. 11. 21. 23, mehr oder weniger zu modifizieren die Nrr. 7. 8. 15. 17. Unhaltbar ist auch — um dies gleich hier mit anzuführen — Opperts Deutung des Königsideogramms, welches er ungenau [sign] schreibt und zu welchem er l. c. p. 68 bemerkt: „Il est difficile de représenter un roi autrement que par un symbole. Cette figure ne représenterait-elle pas une abeille, image adoptée par les Égyptiens pour exprimer l'idée de roi?" Vgl. Menant, Leçons d'Épigraphie Assyrienne, Paris 1873, p. 10: „Tout porte à croire, que l'hiéroglyphe primitif qui a servi, à l'origine, pour exprimer l'idée de Roi, était sur les bords du Tigre, comme sur les bords du Nil, calqué sur l'image d'une abeille."

3) Aus der „Bilderliste" p. 63-65: [sign] quadrupède, [sign] pelle, [sign] hache,

§ 3. Die bisherigen Arbeiten: J. Oppert.

weisen sein, daß Oppert uns nicht sagt, inwiefern [⌇], [⌇], [⌇] die „Bilder" eines Hauses, eines Thores, einer Mauer sind — trotzdem ist rühmend anzuerkennen, daß Oppert gleich von Anfang an mit glücklichem Scharfsinn die Frage nach dem Ursprung der Keilschriftzeichen in die richtigen Bahnen gelenkt hat. Achtzehn der oben angeführten Beispiele haben sich bis auf diesen Tag bewährt, darunter [⌇], dessen Identifizierung mit einem „pied posé" durch die Zeichenform von Tello, [⌇], glänzend bestätigt worden ist. Besonderes Gewicht möchte ich auch auf Opperts Schlußbemerkung (p. 65) legen: „Il faut remarquer que les significations idéographiques attribuées à ces signes reposent sur des données directes fournies par les inscriptions" — es liegt in diesen Worten eine Mahnung an jedweden Interpreten von Keil-

[⌇] arc bandé, [⌇] une sorte de poisson, raie, [⌇] goutte. Allzu große und zahlreiche Kühnheiten enthält der Catalogue des signes les plus usités (p. 107–120) in Bezug auf Bestimmung ihrer images primitives; ich erwähne nur [⌇] croissant, [⌇] pleine lune, [⌇] main étendue, [⌇] main ouverte, [⌇] bouche ouverte, [⌇] pied, [⌇] oiseau, [⌇] serpent, [⌇] serpent enroulé, [⌇] brebis, [⌇] serre d'aigle, [⌇] und [⌇] lampe, [⌇] bouclier, [⌇] nez, [⌇] nœud, [⌇] pierre taillée, [⌇] manteau, [⌇] mur fortifié, [⌇] eau, [⌇] enclos, [⌇] rose — Oppert ließ sich bei der Annahme dieser „Urbilder" an sich ganz richtig von den valeurs idéographiques leiten, aber in der Deutung dieser letzteren sind wir jetzt natürlich

Schriftzeichen, welche ich voll und ganz unterschreibe.

Von Joachim Menant hat die Frage, die uns hier beschäftigt, keine Förderung erfahren: er folgt Oppert, jedoch mit großer Zurückhaltung und augenscheinlich wenigem Behagen. „M. Oppert" – so sagt er in seiner Épigraphie p. 52 – „a cherché et a cru pouvoir retrouver l'origine d'un certain nombre de types par la signification qu'ils ont conservée dans les langues qu'il suppose alliées à la langue des inventeurs de l'écriture cunéiforme. Ainsi, pour le monogramme divin, il paraît dériver de l'image de „Dieu"² ou de l'image d'une „étoile". On peut rattacher pareillement un des monogrammes royaux à l'image d'une „abeille". Ceux-ci procèdent de la forme d'un „poisson", d'une „pelle", d'une „harpe", etc. Il y a sans doute quelque chose de séduisant dans ces rapprochements; malheureusement, nous ne pouvons les étayer encore que sur les conjectures les plus spécieuses, mais aussi les plus fragiles. Ils n'ont, du reste, aucun intérêt pratique puisqu'ils ne peuvent servir

---
weiter als es Oppert im J. 1859 sein konnte.
1) Diese letztere Bemerkung trifft nicht ganz zu.
2) Beachte hierfür Syllabaire Assyrien p. 9, wo Menant das Zeichen ✱

§ 3. Die bisherigen Arbeiten: Menant, Sayce.

à nous renseigner sur la valeur des caractères". Und auf p. 246 des Syllabaire Assyrien lesen wir: „Il paraît certain que le signe ⟨fish⟩ provient d'un hiéroglyphe calqué sur l'image d'un poisson...; il est possible que le signe ⟨sign⟩ provienne d'un hiéroglyphe calqué sur l'image d'un petit animal parasite...; il serait sans doute bien séduisant de voir, dans le signe ⟨sign⟩, l'altération de l'image d'une harpe dont les bas-reliefs nous ont transmis la forme assyrienne; mais nous n'avons rien pour appuyer cette conjecture, et, dans le plus grand nombre de cas, nous n'avons même pas la possibilité d'émettre un soupçon".[1]

Daß A. H. Sayce einem so interessanten Problem wie dem unsrigen seine lebhafteste Aufmerksamkeit zugewendet und seinen Scharfblick an ihm versucht hat, halte ich für selbstverständlich. Doch kann ich leider zur Zeit nicht überschauen, was Sayce etwa mit Einzelbemerkungen, welche da und dort seinen Abhandlungen eingestreut sind, zur Lösung der Frage beigetragen ha-

hervorgegangen sein läßt aus „le buste humain passé dans un disque orné des appendices ornithomorphes".

[1] Erinnert sei auch noch die Bemerkung auf p. 315: „La forme hiératique ⟨sign⟩

ben mag. Wenn in der Preface von Sayce's Elementary Grammar of the Assyrian Language, p. III, gesagt ist: „Many of the characters exhibit their primitive form at the first glance; ⊢ for instance, clearly standing for the tongue of a balance", so wird sich diese „Menge" von Urbildern, welche noch in den neuassyrischen Zeichenformen klar zu Tage liegen sollen, gewiß an Einem oder mehreren Orten mitgetheilt finden. Ich selbst erinnere mich nur zweier halbwegs befriedigender Zeichenerklärungen Sayce's, nämlich jener von ⟨⊞ und von ⊟ „Vater" (s. für die letztere §8) sowie ferner einer Bemerkung in den Lectures upon the Assyrian Language p. 153, wonach „⊢ was primarily a representation of the tongue" (◻), and as such expressed the ideas of „voice", „calling", „assembly", and the like".

Neue, aber – wie ich wenigstens glaube – verhängnißvolle Bahnen betrat behufs Lösung unserer Frage Rev. <u>William Houghton</u>, dieses in seiner am 4. Juni 1878 der Londoner Society of Biblical Archaeology vorgelegten Abhandlung „On the Hieroglyphic

---

(=ar) semble provenir, suivant M. Oppert, de l'image d'une herse" (Egge).

or Picture Origin of the Characters of the Assyrian Syllabary": TSBA VI, 1879, p. 454-483. Abgesehen von den althergebrachten Erklärungen der Zeichen für Fisch, Monat, Stier, und abgesehen von einer zwar nicht richtigen, aber doch scharfsinnigen und lesenswerthen Deutung des Zeichens für „Feuer" (p. 466ff.), enthält dieser Aufsatz wohl keine Zeicheninterpretation, welche sich allgemeinerer Zustimmung zu erfreuen haben dürfte. Die ganzen Darlegungen sind derart durchsetzt mit Irrthümern und Hypothesen unwahrscheinlichster Art, dass viel Zeit und Raum nöthig wäre, Houghtons Zeichenerklärungen alle im Einzelnen zu besprechen und zu widerlegen. Wir können es hier nicht: solch unglückliche Erklärungen wie die von ḫu (mu-šen „giver of eggs") und von nam müssen in den Transactions (p. 464 ff.) selbst nachgelesen werden. Übrigens kommt es bei Haughtons Aufsatz auch gar nicht so sehr auf Einzelheiten an als auf prinzipielle Gesichtspunkte, und in dieser Hinsicht hat Haughton, wie ich wenigstens glaube, zwei schwere Irthümer in die Behandlung unsres Problems hineingetragen. Gleich im Eingange (p. 455) heisst es: „We are often considerably helped to an interpretation of some unknown Accadian or Assyrian ideograph by comparing it with some known symbol of another nation or language, be it Egyptian or Chinese for instance". Mit dieser Bemerkung war das Signal gegeben, für die Erklärung der babylonischen Schriftzeichen bei Chinesen und Ägyptern, wohl gar bei den Indianern Nordamerikas betteln zu gehen; man löste das Problem von dem heimathlichen Boden Babyloniens und verlor damit für jede weitere gesunde und nüchterne Betrachtungsweise den Boden unter den Füßen — die Periode eines wüsten Durcheinander von chinesischen, ägyptischen und sumerischen Zeichenverquickungen war eröffnet.

Der zweite Irrthum, welcher sich meines Wissens ebenfalls zuerst bei Haughton findet, ist der: das Urbild eines babylonischen Schriftzeichens erkennen zu wollen, indem man letzteres, wie man sich gern auszudrücken pflegt, „einfach" auf den Kopf stellt oder genauer: durch eine Rechtsaufwärtsdrehung des Zeichenanfangs aufrecht, vertikal richtet. Ein Zeichen für „Mann, männlich" ist ⊳⊲, nach Haughton ⊳⊲. Es bedarf nur der Aufrichtung: ⧖, um, für sich selbst zu sprechen als Mann, Mensch". „Here we have

§3. Die bisherigen Arbeiten: W. Haughton.

a rude figure of a man"; und zwar hat dieses Mannsbild„ two bars across his thorax, which may represent folded arms; so here probably we have an official, or overseer, head of the works, standing with folded arms, superintending the builders".

Das Ideogramm für „Mensch" ist ⌂⌂. Haughton macht daraus ⌂, richtet das Zeichen auf: ⌐, modelt es - ein zweiter Menschenbildner - leicht um in

⌐

und ruft nun hocherfreut aus: „now we have a figure of a man with head and eye, body and legs". Ich habe noch nicht das Vergnügen gehabt, Rev. Haughton persönlich kennen zu lernen, aber ein solch kläglliches Exemplar des genus humanum ist er unzweifelhaft nicht.

Giebt ein Zeichen rechts aufwärts kein Bild, so glückt dies vielleicht in der entgegengesetzten Richtung. So verfährt Haughton z.B. mit dem Zeichen für „Rohr": ⊢—⫞. Mit Recht widerstrebt es ihm, es in ⫟ zu verkehren; indem er aber, um das Bild„eines der gigantischen Rohre Südbabyloniens" zu bekommen, durch eine Linksaufwärtsdrehung des Zeichenendes 𒀭 gewinnt, verläugnet er nicht allein sein eigenstes Schriftprinzip, sondern er erhält auch gerade das Gegentheil von dem, was er haben möchte. Denn wo immer solche gigantische Rohre auf den Reliefs der assyrischen Königspaläste dargestellt sind (s. z. B. Layard, The Monuments of Nineveh, Second Series, pl. 12 Nr. 1 u. ö.), haben sie diese Gestalt: 𒀭 (so ungefähr), konnten also wohl auch von den Schrifterfindern nicht anders als 𒀭 wiedergegeben werden.

Dieses Ideogramm für „Rohr", welches in den Texten von Nippur 𒀭, 𒀭, 𒀭, 𒀭 u. ä. geschrieben wird (s. Nr. 87 Col. I 3. 38. II 27) ist so lehrreich, daß ich hier gleich vorwegnehmen möchte, was Hilprecht zu ihm bemerkt. Auch Hilprecht huldigt dem Prinzip der Aufrechtstellung der Schriftzeichen, aber natürlich in konsequenter Weise, indem er die Zeichen nicht einmal so, das andere Mal so, sondern durchweg mit Rechtsaufwärtsdrehung des Zeichenanfangs aufrichtet. Er hält hiernach 𒀭 für die Urform des Zeichens, für das Urbild eines „reed, bulrush"; „the triangle on the left of the sign 𒀭 does not represent the lower end of the stem of a reed, but

§. 3. Die bisherigen Arbeiten: W. Haughton.

rather its top or cob" (Pennsylv. II, p. 40 nebst Anm. 3). Also ▽ die graphische Darstellung des durchweg winzigen Spitzchens ◊ ?. An sich wenig wahrscheinlich, erweist sich diese Annahme bei näherer Prüfung als unmöglich. Denn nehmen wir alle uns überlieferten Formen des Zeichens für „Rohr" zusammen und eruieren wir dann nach paläographischen Gesetzen die älteste Grundform, so kann in unserm Falle gar kein Zweifel darüber bestehen, daß ⊢⟫, ⊢⟫, ▷⟫ durchweg gleichberechtigte und gleichalte Grundformen sind; ∾ konnte aber nun und nimmermehr durch ▽ wiedergegeben werden. S. weiter §13.

Man mag also das Ideogramm für „Rohr" drehen und wenden wie man will — es ist kein Bild eines Rohrs und beweist darum gar nichts für eine ursprünglich vertikale Richtung der babylonischen Schriftzeichen.

Diese letztere Theorie, für welche, soviel ich sehe, Houghton[1] einen Berechtigungsgrund nirgends vorbringt, scheint ja nun

---

[1] Ich möchte das kurze Referat über Haughtons Abhandlung nicht beschließen, ohne — entschuldigend — darauf hingewiesen zu haben, daß ein großer Teil seiner irrigen Ausführungen durch die „Hieroglyphentafel aus Nineve veranlaßt und ver-

26   Einleitung.

allerdings durch die Inschriften der Statuen von Tello, durch die
Stele des Vautours, eine Anzahl von Siegelcylindern und andere
Denkmäler mehr (z. B. Pennsylv. II, pl. XVI Nr. 37) monumental sanctioniert zu werden. Stellen sich doch die Inschriften der Statuen
von Tello (um diese absichtlich hier hervorzuheben) dem Auge des vor
der Statue Stehenden nicht in dieser Aneinanderreihung der Schrift-
zeichen¹ und in dieser Anordnung der Kolumnen dar:

sondern vielmehr in dieser:

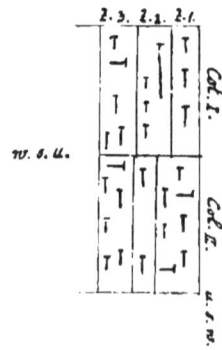

---

schildet ist. S. für diese „Hieroglyphentafel" S. 26.

1) ⊢ = Zeichen wie ◁ , ⊜ , T = Zeichen wie 𐎅, 𐎅.

§3. Die bisherigen Arbeiten und Ergebnisse.

Aber reicht diese Art und Weise der An- und Unterbringung der Inschriften wirklich dazu hin, die Annahme zu rechtfertigen oder gar als unumgänglich erscheinen zu lassen, daß schon die Schrifterfinder die Zeichen in dieser Richtung von oben nach unten (T) bez. von rechts nach links (→!) geprägt haben? Ohne andern sehr naheliegenden Bedenken Ausdruck zu geben und ohne auf Erklärungsversuche für jene seltsame Art der Inschriften-Anbringung mich einzulassen[1], möchte ich nun das Eine betonen, daß zu allererst von technischer Seite festgestellt werden muß, ob der babylonische Bildhauer die Zeichen wirklich in der Richtung von oben nach unten eingegraben hat. Daß die babylonische Schrift auf irgendeiner Stufe ihrer Entwickelung einen linksläufigen Keil ⊣ gekannt habe, wie dies doch für die Zeichen ⊱, ⊱⊱, ✤ u.a. der Statuen von Tello angenommen werden müßte, und daß ein Zeichen wie ⊱⊱ (za) von einem babylonischen Bildhauer in dieser Richtung von rechts nach links in den Stein eingemeißelt worden sei, scheint mir wenigstens undenkbar[2], und es gereicht mir ebendeshalb zu hoher

---

1) Für einzelne jener scheinbar vertikalen Inschriften — um mich kurz so auszudrücken —, z. B. Pennsylv. II, pl. XII Nr. 37, liegt die Erklärung nahe genug.
2) Beachte einstweilen die, wie mir scheint, recht instruktive photographische Ab-

Befriedigung, daß Amiaud, der gründlichste Erforscher der Schriftdenkmäler aus Tello, die Zeichen dieser Texte, desgleichen die der Stèle des Vautours in seiner S. 5 Anm. 1 citierten Zeichensammlung horizontal, nicht vertikal (von 𒅗, 𒅗 natürlich abgesehen) wiedergiebt.

Indeß, sei dem wie ihm wolle, die Inschriften von Tello u. s. w. würden alle zusammen doch noch nicht beweisen, daß jene Richtung ⊤ die ursprüngliche Stellung der babylonischen Schriftzeichen repräsentiert — die noch älteren Denkmäler aus Nippur mit ihrer Zeichenrichtung ⊢ protestieren gegen eine solche vorschnelle Annahme. Nicht minder legt, wie wir sehen werden, eine Menge einzelner Zeichen Protest ein. Es braucht und soll nicht geläugnet werden, daß ein Zeichen wie ⋞ „Berg, Gebirg" (nur) von den Schrifterfindern in dieser Weise ⋀ (hinter einander emporragende Berggipfel und Bergketten) gedacht war, ebenso wahrscheinlich auch 𒅗 „Ohr, Ohren" als ⌒, und sicher das Zeichen für „Getreide", 𒌋, als 𒌋 (Bild einer Ähre); es mag auch sein, daß ⌐ die Begriffe „gehen" und „stehen" noch besser zum graphischen Ausdruck bringt als ⊏⊐, daß ∇ das weibli-

bildung der weißen Marmorvase des Königs „Al-uśarśid" Pennsylv. II, pl. IX.

§3. Die bisherigen Arbeiten: F. Hommel. 29

che Geschlecht noch drastischer darstellt als ▷, dass ⟁ dem mecklemburgischen Wappen ⊥ näher kommt als ⇨. Aber das ist auch alles. Eine ganze Reihe von Zeichen wird einfach widersinnig, wenn man sie in der vermeintlichen Richtung der Texte von Tello denkt: ⊤ kann die „Waage", das „Gleichgewicht" bezeichnen, aber nicht ⊣, und 𐎁, 𐎂 giebt sich von selbst als das Bild irgendwelcher Pflanze, aber nicht 𐎃. Die Majorität der horizontal laufenden Schriftzeichen war eine so gewaltige, dass sich auch die oben genannten Zeichen wie ⋏ und 𐎄 dieser horizontalen Richtung allmählich anschliefsen mufsten.¹

Auch <u>Fritz Hommel</u> ist einer von denen, welche sich der Zeichenverkehrungstheorie ganz und gar verschrieben haben. Er läfst alle Zeilen und damit auch Zeichen, sie „einfach umlegend", von oben nach unten laufen und ist sanguinisch genug, nun sofort allerlei Urbilder zu erkennen (s. Geschichte Babyloniens und Assyriens, Berlin 1885, S. 35 ff. vgl. S. 14). Das schöne Ideogramm für den

---

¹) Es liefse sich über obiges Thema noch allerlei Interessantes im Einzelnen sagen, doch würde dies hier zu weit führen.

„König", [symbol], erhält von Hommel diese Urform: [symbol] und wird als „Mann mit einer Krone auf dem Haupte" öffentlich proklamiert. Das Ideogramm für „Bild, Bildniß" (alam - salmu), bei Gudea [symbol], transformiert er in [symbol] und bemerkt dazu (S. 36): „nun begreift sich erst, warum [symbol] das Zeichen eine Statue ist"! Man traut seinen Augen nicht. Wenn mir ein Kind sagt: das ist der künstlerisch verzierte Namenszug unsres Kaisers Wilhelm, unter einem Thorbogen angebracht, über welchem zwei Illuminationslämpchen brennen, so ist das begreiflich, ist verständig; aber eine Statue?! „Und so" — fährt Hommel fort —, ist es mit allen Zeichen, deren ursprüngliche Bildbedeutung noch heraus zu erkennen ist". So ist es mit [symbol] oder besser [symbol], das ist ein „Behältniß, Gefäß"; so ists mit [symbol], richtiger [symbol], das ist ganz klar ein „Schiff"; so ists mit [symbol] d. i. [symbol] „eine Thontafel, wahrscheinlich aus [symbol], dem Bild der Stele"; und wenn du erkennen willst, warum die alten sumerischen Schrifterfinder einen „Thürflügel" graphisch durch [symbol] → bezeichneten, so schaue das Zeichen nur mit Hommel verkehrt an, etwa so: [symbol], und es muß dir und allen klar werden, daß wir mit dieser Verkehrungsmanie der Lösung unsres Problems auch nicht um ein Haar breit näher kommen. Hommel hat sich in seine Theorie dermaßen eingelebt, daß er jedes altbabylonische Zeichen sofort in die verkehrte Richtung umschreibt, s. z. B. Sumerische Lesestücke, München 1894, S. 6 Nr. 64: ⟨zeichen⟩ Kleinvieh [besser wäre: Nachwuchs, _proles_], altbabyl. ⟨zeichen⟩ urspr. ⟨zeichen⟩", ja sogar in seiner Schrift „Der babylonische Ursprung der ägyptischen Kultur", München 1892, Babylonisch überhaupt nur noch verkehrt schreibt. Das ist Privatgeschmack. Wenn aber in den „Sumerischen Lesestücken" S. 5 Nr. 54 zu dem Zeichen _zu_, _sub_ [neuassyr. ⟨zeichen⟩, altbabyl. ⟨zeichen⟩, arch. ⟨zeichen⟩] bemerkt wird: „ _altbabyl._ ⟨zeichen⟩, zwei einen Stab oder Speer tragende Arme", so geziemt es sich wohl anzufragen, wo sich diese „altbabyl." Form findet.

Ganz besonders nahe war es natürlich H. V. Hilprecht gelegt, sich bei seinen tiefgehenden, ungemein gewissenhaften und erfolgreichen paläographischen Studien auch mit der Frage nach dem

---

1) Die Beurtheilung der „überraschenden Übereinstimmungen im ägyptischen und sumerischen Schriftsystem", welche Hommel auf S. 61-63 des „Babylonischen Ursprungs der ägyptischen Kultur" an 34 verkehrt-babylonischen und ägyptischen

Ursprung der babylonischen Schriftzeichen zu beschäftigen. Daſs er dies in der That und in weitem Umfang gethan hat, lehrt sein wiederholter Hinweis auf sein Werk „Geschichte und System der Keilschrift", „which has been in preparation for the last nine years" (s. Pennsylv. II, p. 40 note 1). Wie p. 40 f. ergiebt, ist Hilprecht der Ansicht, daſs auf den von ihm veröffentlichten Nippur-Denkmälern „a number of signs have a form representing almost the original picture, others have at least a more original form than the inscriptions from Tello, even those of Urukagina not excepted. Cf. sum (𒋴), gi (𒄀), à (𒀀), bar (𒁇), lah (𒆷), za (𒍝), lugal (𒈗), zag (𒍠), gur (𒄥), kiš (𒆧), ag (𒀝), and many others for whose explanation I must refer to my Geschichte und System der Keilschrift." Leider besagt gleichzeitig die beigefügte Anm. 6 (p. 41): „As I have to dispose of more urgent matters at present, some years may still paſs before its publication".

Niemand kann diese Aussicht, noch etliche Jahre auf dieses un-

---

Schriftzeichen illustriert, muſs einem Assyriologen überlaſsen bleiben, der in der ägyptischen Schrift erfahrener ist denn ich selbst.

1) Die von mir beigefügten assyr. Zeichen dienen zum Verständniſs von H.'s Umschrift.

§ 3. Die bisherigen Arbeiten: H. V. Hilprecht.

zweifelhaft in vielen Stücken lehrreiche Werk warten zu müssen, mehr beklagen denn ich, und wenn ich mir da und dort einen Zweifel auszusprechen erlaube sei es an der Richtigkeit des von meinem hochgeschätzten Freunde und Mitforscher eingeschlagenen Wegs überhaupt sei es an einzelnen seiner Resultate und Deutungen, so geschieht dies einstweilen und bis zum Erscheinen von Hilprechts Gesamtdarstellung mit ausdrücklichem Vorbehalt. Zunächst möchte ich zwei prinzipielle Bedenken äußern, und zwar im Anschluß an die Seiten 34-41 von Pennsylv. II. Das erste, schon auf S. 22 ausgesprochene Bedenken betrifft die Geneigtheit, sich bei der Erklärung der ältesten babylonischen Schriftzeichen durch sonstige rohe Bilderschriften, in unserm Falle durch die der Indianer Nordamerikas, beeinflussen zu lassen. Indem sich Hilprecht verleiten ließ, einzelne der babylonischen Zeichen aus ihrem heimathlichen Boden, aus ihrer verwandtschaftlichen Zusammengehörigkeit mit anderen gewaltsam zu reißen, gelangte er, wie ich glaube überzeugend nachweisen zu können (s. § 12), zu einer ganz irrigen Deutung des in besonderem Grade bedeutsamen Zeichens mu „Name", und oktroiert er auf Grund des Zeichens à (sem. idu) den Sumeriern die Sitte des Tättowierens (s. Näheres in §21). Sodann hütet sich Hilprecht nicht ausreichend vor jenem Fehler, vor welchem schon Oppert indirekt gewarnt hatte (s. S. 17): den Zeichen Bedeutungen zu geben, die sie in der babylonisch-assyrischen Litteratur nicht haben. Für das Zeichen mu fehlt es uns wahrlich nicht, weder in zusammenhängenden Texten noch in Vokabularien (s. nur z. B. 83, 1-18, 1331 Col. I), an Bedeutungen mannichfachster Art; aber die Bed. „Pfeil" hat es nie und nirgends. Mag darum das archaische Zeichen mu, ⇶, einem Pfeil noch so täuschend ähnlich sehen, so berechtigt uns doch nichts, mit Hilprecht diesem äußeren Scheine zuliebe dem Zeichen mu die Bed. „Pfeil" zuzuerkennen. Das Gleiche gilt von dem Zeichen und Worte zu, welchem Hilprecht, lediglich seiner persönlichen und nicht stichhaltigen (s. §15) Deutung des Zeichens ⌑ zu zuliebe – die Bed. „to flow into" giebt, die es sonst niemals hat (zu bed. als Verbum ausschließlich „wissen, erkennen"); und wenn nun gar mit dieser fingierten Bedeutung weiter operiert und zu-ab der „Ozean" (so geschrieben und genannt

§ 3. Die bisherigen Ergebnisse.

als Sitz der unergründlichen Weisheit, näml. des Gottes Ea) erklärt wird als „the house (abode) into which all the waters flow" (s. p. 41 note 6), so scheint mir das eine äußerst gefährliche Methode. Von der Zeichenstellung war bereits oben S. 24 f. die Rede. Welches die Gründe Hilprechts sind, die ihn ebenfalls veranlassen, die Zeichenschreibung von oben nach unten anzunehmen und demgemäß dem „Pfeil" von Haus aus eine abwärts (!) fliegende Richtung zu geben, ⤓, ist mir unbekannt; man darf in der That gerade auf Hilprechts Beweisführung gespannt sein. Was endlich die oben genannten elf Einzelzeichen betrifft, deren ursprüngliches Bild Hilprecht mit Hülfe der Texte von Nippur zu erkennen glaubt, so verweise ich für _gi_ auf S. 24 f., auf die übrigen komme ich (ebenso wie auf _zu_, _su_) in Kap. II dieser Untersuchung zurück. Rückhaltlos einverstanden kann ich mich einstweilen nur mit der Deutung von _za_ erklären, dessen Ursprung schon durch die Vaseninschrift Naram-Sin's ziemlich aufgehellt war.

Überblicken wir zum Schlusse noch einmal, was bisher für die Enträthselung des Ursprungs der Keilschriftzeichen geschehen ist (die in Kap. 1 besprochenen c. 180 Zeichen, welche sich als Komposita unschwer erkennen liessen, bleiben natürlich außer Betracht), so haben wir die Thatsache zu konstatieren, dass, weder prinzipiell noch in Einzelheiten, ein nennenswerther Fortschritt über Oppert hinaus binnen der bald 40 Jahre nicht gemacht worden ist. Nicht in Einzelerklärungen: denn von den 19 Zeichen, deren Urbild als sicher oder höchst wahrscheinlich sicher erkannt gelten kann, also von (ich nenne der Kürze halber die geläufigsten Lautwerthe der betr. Zeichen) an ud; uš sal; šú ši pi du me; ha ur gud; iš še se; kur; hal lal; za gehören die doppelt unterstrichenen, also 14, Oppert an, dazu za wenigstens zu einem gewissen Theil; me mag Sayce für sich reklamieren, wogegen kur und še, wohl auch se kraft der Durchsichtigkeit ihrer auf den Denkmälern von Tello vorliegenden altbabylonischen bez. archaischen Formen als Gemeingut der assyriologischen Forschung gelten müssen. Mit andern Worten: von den nach Abzug der c. 180 Zeichenkompositionen (s. Kap. 1) übrig

---

1) Die Zeichen für alu, bitu, bâbu lasse ich ebenso wie jenes für dūru weg, weil Oppert sich nicht darüber erklärt hat, inwiefern z. B. [⌸] das „Bild" eines Thores ist. Ebenso wurde ú nicht genannt, weil dessen Erklärung als sicher

bleibenden c. 230 Zeichen sind bis auf den heutigen Tag nur erst 19 bezüglich ihres Ursprungs klar, also 5 mehr als jene, welche Oppert in seiner Expédition en Mésopotamie aufgezeigt hatte. Aber auch prinzipiell hat das Problem keine Förderung erfahren. Die 14 Urbilder Opperts reichten gerade zu dem Beweis hin, daß die babylonische Schrift aus einer ziemlich rohen Bilderschrift hervorgegangen ist, und das Zeichen für „Sonne", ◇, lehrte obendrein, daß diese Bilderschrift eine geradlinige war, gebogene Linien fast völlig vermied. Inwiefern nun aber der „Rest" von c. 200 Zeichen ebenfalls als aus Bildern hervorgegangen angesehen werden durfte, darüber machte man sich nicht viel Kopfzerbrechens — man tröstete sich bezüglich dieser „180 original signs" (so George Smith) mit dem alten Troste, daß deren Urbild schon in ältester Zeit gewesen sei, tellement défiguré qu'il est impossible d'en retrouver la trace" (s. Épigraphie p. 51).

§ 4.
Mein eigener Versuch.

Schon während eines früheren Aufenthaltes in Paris, bei

---

oder auch nur als höchst wahrscheinlich noch nicht bezeichnet werden kann.

welchem ich – dank der Liebenswürdigkeit Léon Heuzey's – Gelegenheit hatte, die alten beschriebenen Steintafeln, welche damals eben aus Tello im Louvre eingetroffen waren, zu durchmustern, wurde durch jene seltsamen Schriftzüge meine Aufmerksamkeit auf die Frage des Ursprungs der Keilschriftzeichen gelenkt, und wenn ich auch die unmittelbar folgenden Jahre durch die Vorbereitung und Veröffentlichung meiner lexikalischen assyriologischen Arbeiten vollständig in Beschlag genommen war, so beklagte ich es doch immer von neuem, daß wir uns in einer solch grundleglich wichtigen, wie mir schien: auch für die sumerische Kontroverse grundleglich wichtigen Frage noch zu so gar wenigen Klarheit hindurchgerungen hatten. Ebendeshalb nahm ich nach Beendigung des „Handwörterbuches" sofort ein eingehendes Studium der „Geierstele"-Inschrift sowie der andern ältesten Texte von Tello vor, um von dieser Grundlage aus die sumerisch-antisumerischen Akten nach deren Gesamtumfang einer erneuten Revision zu unterziehen. Die Statueninschriften von Tello schienen mir von je her für die Ergründung des Ursprungs der babylonischen Schriftzeichen nur geringe Ausbeute zu versprechen:

§ 4. Mein eigener Versuch.

trotz ihrer sehr alten Zeichenformen sind sie doch zu schön, zu regelmäßig geschrieben, der Bildhauer, der Künstler tritt, wenn ich mich so ausdrücken darf, zu sehr hervor auf Kosten des Schreibers. Da erschien so recht à tempo, wie ein deus ex machina, der II. Theil von Hilprechts Inschriften aus Nippur (s. oben S.   ) und wie Schuppen fiel es mir von den Augen: neue Erkenntnisse gesellten sich zu den schon früher gewonnenen, sie bestätigend oder modifizierend, Untersuchungen und Funde früherer Zeiten ließen sich ergänzen, bereichern und zu größeren Gruppen zusammenfassen — so entstand in verhältnißmäßig wenigen Wochen die Abhandlung, welche ich am 13. Juli d. J. in einer außerordentlichen Sitzung der Kgl. Sächs. Gesellschaft der Wissenschaften zu Leipzig in einem knappen Resumé vortrug und in etwas erweiterter Form hiermit der Öffentlichkeit übergebe. Ich thue es nicht ohne eine gewisse Bangigkeit. Denn gerade weil mir selbst dieser mein Versuch, das Problem des Ursprungs der Keilschriftzeichen zu lösen, bisweilen wie das Ei des Columbus erscheinen möchte, fürchte ich, trotz aller Selbstkritik mich unbewußt allzusehr in meine Ideen eingesponnen zu haben und Schwierigkeiten zu übersehen, welche Andern nur allzu gewichtig erscheinen. Ich sehe darum manch herbes Urtheil voraus. Indessen, die Eine Überzeugung bleibt trotz alledem in mir lebendig, daß, mag auch jede einzelne Erklärung noch mehr oder weniger zu rektifizieren sein, sich doch die Methode zur Lösung des Räthsels als richtig bewähren wird.

———→

Erstes Kapitel.
Die 180 bekannten Zeichenkomposita.

§5.

Zeichenkomposition ein Hauptmittel der Schriftbildung.

Die Erfinder und Bildner der babylonischen Schrift waren Meister der Ideenkombination und der Zeichenkomposition. Eine Fülle von Dingen und Begriffen, für welche sie ein einheitliches Wort besaßen, drückten sie graphisch durch Zeichengruppen aus, indem sie die betreffenden Objekte in mannichfachster Weise umschrieben und begrifflich zerlegten. So gaben sie „Thräne" (sum. ir, sem. dimtu) durch 𒅆 𒀀, auch 𒀀 𒅆 geschrieben, d. i. „Wasser des Auges", „Regen" (sum. šeg, sem. zunnu) durch 𒅆 𒀀 d. i. „Wasser des Himmels" wieder. „Klein, Kind" +„männlich, Mann, Diener" ergab

---

¹) Der Einfachheit wegen bedienen wir uns bis auf Weiteres bei Wiedergabe der Keilschriftzeichen der neuassyrischen Zeichenformen. Auf die ältesten Zeichenformen zurückzugehen ist hier, wo es sich lediglich um Aufzeigung des Prin-

🔣 „Sohn" (ibila – aplu), „klein, Kind" + „weiblich, Frau, Dienerin" 🔣 „Tochter" (mârtu). Aus „Mensch" + „schlecht" erwuchs die Bezeichnung für „Schurke" (ḫara – giḫḫappu), aus „Vielheit, Gewimmel" mit determinativisch nachgesetztem Zeichen „Fisch" die Bezeichnung des „Gewimmels im Meere" 🔣 (agargara – agargarû d. i. Wasser-Geschöpfe). „Silber" (kubabbar – kaspu) schrieb man 🔣 als „weißglänzendes Metall"², „Gold" (guškin – ḫurâṣu) 🔣 als Metall „glänzend wie Rohr"³. Den Begriff „Schatten" zerlegte man in 🔣 d. i. „Baumes-Nacht, Baumes-Dunkel", den Begriff „hinausgehen" (e – aṣû) in 🔣 d. i. ans Tageslicht gehen (nämlich aus dem gegen das Sonnenlicht abgesperrten Inneren des Hauses), u. s. w.

Um diese Zeichengruppen handelt es sich jedoch in unserer Untersuchung nicht weiter. Lassen wir die Zeichengruppen beiseite, so bleiben ungefähr 410 einheitliche oder wenigstens schein-

---

zips der Zeichenkomposition handelt, noch nicht nothwendig.
1) 🔣.
2) 🔣 bed. „Sonne", „(anbrechender) Tag", „weiß". Vgl. franz. l'aube = album.
3) Näml. wie reifes, schnittreifes Rohr. Daher dient 🔣 auch als Farbwort zur Bezeichnung des glänzenden Gelb i. U. v. dem durch 🔣 bezeichneten fahlen Gelbgrün!

§ 6. Durch Doppelung gebildete Zeichen.   43

bar einheitliche Schriftzeichen. Wenigstens „scheinbar einheitlich" – in der That scheidet aus jener Zahl 410 sofort wieder eine große Menge von Zeichen aus, welche man von Anfang an, jedenfalls schon sehr frühzeitig und mühelos ebenfalls als Zusammensetzungen erkannte. Und zwar lassen sich diese Zeichenzusammensetzungen in folgende Arten und Unterarten eintheilen.

§ 6.

A. Zusammenfügung gleicher Zeichen.

Daß man durch Zusammenfügung der gleichen Zeichen d.i. Doppelsetzung (seltener findet sich Dreimal- und wohl gar Viermal-setzung) des nämlichen Zeichens den Begriff des einfachen Zeichens quantitativ oder qualitativ steigerte, liegt auf der Hand. Diente doch auch sonst im Sumerischen die Doppelung eines Wortes sei es zur Bildung des Plurals (vgl. kur „Land", kur-kurra „Länder") sei es zu ebenjener Steigerung des Verbalbegriffs, welcher im Semitischen die Pielform dient (vgl. ⟨⟩ ⟨⟩ = kuttû, lukkutu II R 35, 63. 64 c.d, ⟨⟩ ⟨⟩ = huppû, huššulu, huṣṣuṣu K. 4335 Col. III 37 ff.)¹

---
¹) Beachte auch ḫal (⟨⟩) und ḫal-ḫal (⟨⟩ ⟨⟩), beide „laufen", die gedop-

44   Kap. I. Die sogenannten Zeichenkomposita: 𒃲, 𒌇.

1) *Doppelung des nämlichen Zeichens.* Aus 𒃲 „groß"(*nun - rubû*) wurde durch Doppelung 𒃲𒃲 d. i. „Herr"(*niš - etellu*), eig. sehr groß, Größter", gebildet; doppelt gesetztes 𒇲 „wägen"(*lal - šakâlu*) ergab 𒇲𒇲 in der Bed. „sich im Gleichgewicht halten, schweben, hängen"(*lal - šukalulu*); mit doppeltem 𒁺 „gehen"(*gin - alâku*), geschrieben 𒁺𒁺 oder 𒁺, bezeichnete man die Bedeutungsnuancen „hin und hergehen", „gehen, von vielen Personen", „in Bewegung setzen"(*laḫ – italluku*, *alâku ša ma'adûti*); und den Begriff der alles in sich befassenden „Gesamtheit", der „Summa" gab man am liebsten durch das gedoppelte Zeichen für „Umschließung, Umfassung", 𒌇, also durch 𒌇𒌇 (*nigin - napḫaru*) wieder. Der Verfasser des großen, bereits oben S. erwähnten Vokabulars Sᵇ, von welchem uns aus Asurbanipals Bibliothek assyrische Abschriften überkommen sind, war sich über den Ursprung dieser gedoppelten Zeichen noch völlig klar: er ließ darum das Zeichen 𒃲𒃲 (Sᵇ 130) unmittelbar auf 𒃲 (2. 129) folgen und ging dann erst zu den mit Hülfe von 𒃲 gebildeten Zeichengruppen über; ebenso folgen 𒇲 und 𒇲𒇲 (Sᵇ 141-145) un-

pelte Form aber mit Vorliebe von schnell laufenden Tieren oder schnell fließenden Wassern.

§ 16. Durch Doppelung gebildete Zeichen: 𒀮, 𒀸𒀸.

mittelbar auf einander. Vgl. ferner 𒀸 und 𒀮 (S^b 1-3), 𒀸 und 𒀸 (S^b 66-70), 𒀸 und 𒀸 (S^b 134 f.), 𒀸 und 𒀸 (S^b 169 f.). Hervorhebung verdient, daß das Zeichen nab, 𒀮, arch. ✳, in dem Vokabular 83, 1-18, 1332 Col. II 19 ff. außer durch nâbu, nâri, Bêl, ti-âmtum auch durch i-la-an (Z. 24) d. i. „zwei Götter" erklärt; mit der Doppelung eines Zeichens verknüpfte man also unter Umständen auch duale Bedeutung¹.

Daß die Doppelung nicht nur durch Neben- und Untereinandersetzung, sondern auch durch Kreuzung bewirkt werden konnte, lehrt die altbabylonische Zeichenform von 𒀸𒀸 (d. i. doppeltem 𒀸), nämlich 𒀸. Das Nämliche ist der Fall bei dem gedoppelten gu, 𒄘; während im Neuassyrischen und Neubabylonischen die Doppelung durch Übereinandersetzung geschieht (𒄘), vollzieht sie sich im Altbabylonischen mittelst Kreuzung, s. § 13. Hiernach wird auch das Zeichen ✳, 𒀜, arch. ✳ von den Schrifterfindern als gedoppeltes Zeichen 𒁕 tab („hinzufügen, zugesellen, Genosse") gedacht und beabsichtigt

---

¹) Gedoppelte Zeichen sind ferner 𒀸 (S^b 308), 𒀸 (S^b 1 Col. IV 7), das bekannte Ideogramm für „Himmel" 𒀭𒀭, K. 4386 Col. IV 26 𒀭𒀭 geschrieben, 𒀸, 𒀸 u. a. m. Eine Anzahl Doppelzeichen für „Erde", „Gott", „Göttin" und mehrere Götterna-

Kap. I. Die benannten Zeichenkomposita: ⚌.

gewesen sein: wie dem einfachen ⚌, eignet auch dem gedoppelten ⚌ <u>kas</u> der Grundbegriff der Doppelung, Paarung; daher ⚌ ⚌ „Doppelstunde (eig. Doppel-länge), Meile" und Beh. 55: <u>ina ša-ni-ti</u> ⚌ d. i. zum „zweiten" Male. Nicht so gar leicht scheint mir die Frage zu beantworten zu sein, warum die Schrifterfinder mit ebendiesem Zeichen ✳ auch die Bed. „Weg, Straße" (<u>kaskal</u> - <u>ḫarrânu</u>) verbanden. An „Kreuzweg" zu denken, verbietet der gesunde Menschenverstand, und doch haben sogar noch die spätassyrischen Schreiber das Gefühl gehabt, daß in dem Ideogramm für „Weg, Straße" (auch für „Zug, Feldzug", <u>ḫarrânu</u>, <u>girru</u> verwendet) irgendein dualer Begriff seinen Ausdruck gefunden: sie schreiben ebendeshalb ✳ „Weg, Zug" ganz so, wie sie es bei den Ideogrammen für paarweis vorhandene Körperteile, Auge, Ohr u. s. w., zu thun pflegten, dann und wann mit nachgesetztem Dualzeichen, z. B. III Rg Nr. 2, 2. 35 Nr. 4 Obv. 7: <u>ina mêtiḳ</u> ✳-<u>ia</u> d. h. „in Fortgang meines Zuges". Ich möchte die folgende Vermuthung wagen. Da das Zeichen ✳ von Haus aus und recht eigentlich den <u>gebahnten</u>,

---

men lesen wir auch K. 4386 Col. IV 27 ff. Doppelzeichen, ihrer Grundbed. nach leider noch völlig undurchsichtig, sind endlich auch die beiden Ländereiideogramme ⚏⚏ d. i. <u>Arradû</u> bez. <u>Urṭû</u> (s. §ᵇ 72. 74) und ⚏ ⚏ d. i. <u>Aḫurrû</u> (s. §ᵇ 2, 15, vgl. §ᵇ 73).

§6. Das durch Dreimalsetzung gebildete Zeichen [cuneiform].   47

zubereiteten Weg (daher auch die „Straße") bezeichnet, solche „gebahnte"
Wege oder Bahnen in allerältester Zeit aber gewiß nur durch bez. für
den Wagenverkehr entstanden, so brachte das gedoppelte Zeichen //
ursprünglich vielleicht den Begriff „Geleise, Wagengeleise, Bahn" zum
graphischen Ausdruck, wie ja noch heutzutage in italienischen und orientalischen Städten das Doppelgeleise für die Wagenräder die Straßen-
mitte bildet. Vgl. aus K. 3479: HAR.RA.AN [cuneiform] RA = uruḫ narkabtim.¹

2) Dreimalsetzung des nämlichen Zeichens. Der achtstrahlige Stern,
✶ (neuassyr. [cuneiform]), bezeichnete natürlich ursprünglich den „Stern"
und findet sich auch wirklich noch dann und wann für „Stern" (kakkabu) gebraucht. Da jedoch das Zeichen schon sehr frühzeitig als Symbol sowohl für „Gott" (dingir – ilu) als für „Himmel" (an, ana – šamû)
verwendet wurde, so schuf man für „Stern" speziell (mul – kakkabu)
ein neues Ideogramm durch Dreimalsetzung des einfachen Zeichens
an: ✶✶✶ (neuassyr. [cuneiform]), worin ein Hinweis auf das große Heer
der Gestirne gesehen werden mag. Daß in Sᵇ das Idegr. [cuneiform]

---
¹) Es regt zum Nachdenken an – worauf schon hier ausdrücklich hingewiesen sein
mag –, daß der Verfasser von Sᵇ, gleichsam wie veranlaßt durch das Doppelzeichen,
auch selbst „Doppelung" bedeutende [cuneiform] (Z. 68 ff.), sofort die ebenfalls gedoppelten

(Z.4) mit ⛋(Z.1f.) und ⛋(Z.3) zur Einheit zusammengeschlossen ist, versteht sich von selbst.

3) Viermalsetzung des nämlichen Zeichens findet sich ebenfalls nur ganz vereinzelt. Eines der sehr wenigen Beispiele lesen wir K.4386 Col. IV 30, wo als ein Ideogramm des Himmelsgottes Anum die Zeichengruppe ⛋ ⛋ ⛋ (mit der Glosse ú-šu-ru) genannt ist.

§ 7.

B. Zusammenfügung ungleicher Zeichen.

1. Aneinanderfügung.

Eine Anzahl von Keilschriftzeichen ist dadurch entstanden, daß zwei verschiedene Zeichen, welche ursprünglich nur lose – nach Art der in § 5 besprochenen Zeichengruppen – zusammengeordnet waren, immer enger und enger mit einander verschmolzen, bis sie sich schließlich als einheitliche und unauflösliche Zeichen den übrigen zugesellten. So sind ⛋, "feindlich, bös" (ḫul – limnu) und ⛋, "freundlich, gnädig" (sag – damḳu) gewiß beiderseitig Komposita mit ⛋ „Auge"

Ideogramme ⛋ und ⛋ ⛋ (Z.72–74) und weiterhin (Z.78) das nicht minder gedoppelte Zeichen ⛋ folgen läßt, inmitten aber all dieser Dopplungen auch die beiden Zeichen ⛋ und ⛋ (Z.75–77) behandelt. S. weiter § 10.

§ 7. Durch Aneinanderfügung gebildete Zeichen: 𒅆𒄯.   49

(*igi – înu*): „Auge" + 𒄯 d.i. „feind, bös (*ur – nakru*)" ergab „bös blickend, feindlich gesinnt", „Auge" + 𒂗 d.i. „hell, heiter (*laḫ – namru*) ergab „heiter blickend, wohlwollend gesinnt, freundlich". Das letztere Zeichen 𒅆𒂗 ist seiner Zusammensetzung nach je und je deutlich gespürt und dementsprechend behandelt worden². Auch das Ideogramm für „berufen, rufen, nennen" u. dgl. (*pad – nabû*), 𒅆𒄯, giebt sich als ein solches Kompositum mit 𒅆 ; es bedeutete ursprünglich, wie ich glaube, das Auge (𒅆) auf jem. werfen (𒄯) und gelangte erst von dieser Grundbed. aus (den Blick auf jem. richten, jem. ersehen, erwählen), wie sich noch deutlich nachweisen läßt, zur Bed. „berufen".³ Und wenn wir vielleicht auch noch nicht ganz klar durchschauen, warum die Kopula „und" (*ša – u*) graphisch durch 𒅆𒁹 wiedergegeben wurde⁴ und wenn uns auch die ideographische Bedeutung des Zeichens *az*, 𒅆𒊺, noch unbekannt ist, so sind doch beide Zeichen ebenfalls ohne allen Zweifel mit 𒅆 zusammengesetzt, weshalb sie auch noch

---

1) Vgl. K. 2022 Col. II 33: 𒅆𒄯 = *nax-ru*.
2) Vergleiche z. B. IV R 21 Nr. 1 (B) Rev. 20: 𒅆𒂗𒈨 = *munammir* mit 19, ⁹/₈ a 𒅆 𒂗 (𒂗𒄯 𒂗𒂗) = *munammir (enlili)*. — K. 2022 Col. II 49: 𒅆𒂗 = *ublulu*.
3) Natürlich gehört auch 𒅆𒄯 mit in die Auge-Reihe. S. hierfür § 20.
4) Eine Vermutung s. in § 12.

bei den assyrischen Gelehrten die Namen *igi-dibbu* und *igi-tallu* führen (s. §ᵃ IV 24, §ᵃ 1, 2a). Der „Hirt" (*siba* – *rê'û*) wird 𒌷𒄑, bei Gudea 𒋆 𒌷 geschrieben. Warum? Als der „Stab (𒋆) - Träger (𒄑)", der, den Hirtenstab in der Hand, seine Heerde weidet.¹ Und daß 𒋆𒌋𒌋 (*šab - ṣa-zāmu*) ebenfalls ein Kompositum mit 𒋆 ist, darf zuversichtlich aus dem Namen *gištar* (𒋆) - *urassaḳu* (𒌋𒌋) geschlossen werden, wenngleich die Bedeutung von 𒌋𒌋 innerhalb dieses Kompositums noch nicht völlig klar ist.

In allen den bisher angeführten Beispielen genügte es, die neuassyrische Zeichenform zu Grunde zu legen, da diese noch genau so die ursprüngliche Komposition wiedergiebt wie ihre älteren Vorgängerinnen. Bei andern Zeichen ist es zur Erkenntniss ihrer Komposition mittelst Aneinanderfügung nothwendig, auf die neubabylonische, wieder bei andern: auf die altbabylonische Form zurückzugehen. Es ist bekannt, daß das assyr. Zeichen 𒆦 die beiden Bedeutungen *kisallu* „freier Platz" (*piazza*) und *šamnu* „Öl" in sich vereinigt.

---

¹) Der sumerische Amtsname *tilla-gidda* (𒋼 𒅗 𒂊 𒄑), welchem der assyr. Titel *nūšu* („Aufseher, Verwalter" u. dgl.) zu entsprechen pflegt, hat vielleicht analoge Bedeutung; für 𒅗 = *ḫattu*, *ḫuṭāru* s. VR 26, 9. 10 g. h.

§7. Durch Aneinanderfügung gebildete Zeichen: 〈cuneiform〉.

Aber da in der letzteren Bedeutung das Zeichen sogar noch im Neubabylonischen 〈cuneiform〉 〈cuneiform〉 d. i. „Fett" + „Baum"(Baumesfett) geschrieben wird (vgl. auch I R. 49 Col. II 7 : 〈cuneiform〉 〈cuneiform〉), so ersieht man leicht, daß nur die ganz enge Verbindung von 〈cuneiform〉 + 〈cuneiform〉 im Assyrischen das mit *risallu* äußerlich gleiche Ideogramm für „Öl" ergeben hat. Daß die beiden Ideogramme für „König"(*lugal* - *šarru*) und für „Herrin"(*nin* - *bêltu*) Komposita sind, ersteres aus 〈cuneiform〉 „groß"(*gal* - *rabû*) + 〈cuneiform〉 „Mensch"(*lu* - *amêlu*), sodaß die Schrifterfinder den „König", den an der Spitze seines Volkes stehenden Fürsten als „den Großen" κατ' ἐξοχήν, als den Größten nicht nur sprachlich (*lu-gal*), sondern auch graphisch bezeichneten, letzteres aus 〈cuneiform〉 „Weib" und 〈cuneiform〉 „groß"(*rabû*), also „Große, Herrin", lehren die altbabylonischen bez. archaischen Zeichenformen unwidersprechlich. „König" wird in den ältesten Texten geschrieben: 〈cuneiform〉, 〈cuneiform〉, ja sogar mit Trennung der beiden Zeichenbestandtheile (s. Pennsylv. Nr. 86 Z. 2, Var.): 〈cuneiform〉, auch 〈cuneiform〉 (s. ibid. Nr. 104 Z. 7); „Herrin" weist die Zeichen-

---

1) Auf diese Trennung der „two elements *lu* + *gal*" macht auch Hilprecht (p. 41 u. 2) aufmerksam; aber warum *lu* + *gal* anstatt *gal* + *lu*? vor allem aber, was will die p. 41 Z. 2 zu *lugal* gefügte Bemerkung: „the sign shows the remnant of the original arm"?

52 Kap. I. Die benannten Zeichenkomposita: 𒈗.

Formen auf: 𒇽 (bei Gudea), 𒇽 (z. B. Pennsylv. I pl. 8), 𒈗, 𒈗 (z. B. I R 1). In den entsprechenden neuassyr. Formen, 𒃲 und 𒈗, ist der Ursprung beider Zeichen ziemlich verwischt, ebenso im neubabyl. Königsideogramm 𒈗, wogegen „Herrin" im Neubabylonischen ganz durchsichtig ist: 𒈗¹. Auch der Verfasser von S^b hatte noch eine klare Kenntniß der Genesis des Königszeichens, er beschließt ebendeshalb (Z. 333) die Reihe der mit 𒃲 zusammengesetzten Zeichengruppen mit — 𒃲.²

§8.
2. Ineinanderfügung.

Ein ganz besonders beliebtes Mittel, Schriftzeichen für immer neue Dinge und Begriffe zu prägen, bildete die Ineinanderfügung. Auch sie ist im Grunde identisch mit der in §5 erwähnten Bildung von Zeichengruppen, wie sich ja neben 𒅆 𒀀 „Thräne" auch 𒅆𒀀 geschrieben findet und das beliebte 𒌨 𒅗, tapfer, heldenmü-

---

¹) Beachte die Reihenfolge v R 13, 43 – 45 a. l.: 𒃲 und 𒈗 = ru-bu-ú, 𒈗 = ru-ba-tu.

²) Daß das aus Assurbanipals Bibliothek uns überkommene Exemplar des Vokabulars oder Syllabars S^b Abschrift eines neubabylonisch geschriebenen Exemplars ist, ist von vornherein wahrscheinlich und dürfte durch das Fragment einer

§ 8. Durch Ineinanderfügung gebildete Zeichen: 〚cuneiform〛 etc.

thig" (gudu-karradu) auch zu dem Einen Zeichen 〚cuneiform〛 (s. § 1 Col. IV 21) verbunden wird. Eine sehr große Zahl von Keilschriftzeichen ist durch solche Ineinanderfügung entstanden. Je nachdem man in 〚cuneiform〛 „Mund" (ka-pû) das Zeichen 〚cuneiform〛 „Speise, Brot" (gar-akâlu) oder 〚cuneiform〛 „Wasser" (a-mû) einsetzte, erhielt man 〚cuneiform〛 „essen" (ku-akâlu) oder 〚cuneiform〛 „trinken, tränken" (nag-šatû, šakû). „Mund + eingehen machen" (tu-šûrubu) d.i. „in den Mund einführen oder nehmen" ergab 〚cuneiform〛 „kosten, gustare" (patânu), „Mund" und „Reinigung" ergab 〚cuneiform〛 „Beschwörung" (mu-šiptu), so geschrieben als „Reinigung mittelst des Mundes". Aus Kombination von „Mund" und 〚cuneiform〛 „Sprache, sprechen" u.s.w. (me-kûlu, kâlu etc.) entstand 〚cuneiform〛 „Zunge, Sprache" (eme-lišânu), und obschon die Erklärung der beiden Ideogramme für die „Lippe" (šaptu), 〚cuneiform〛 und 〚cuneiform〛, im Einzelnen noch et-

---

neubabylonischen Kopie F. 1 (s. AL³ 64) handgreiflich bestätigt werden. Dagegen möchte ich der weiteren Frage, ob der eigentliche Autor von S^b die von ihm zusammengestellten Schriftzeichen in altbabylonisch-archaischen oder neubabylonischen Charakteren geschrieben habe, hier noch nicht näher treten. Ganz so einfach wie Lenormant meinte (s. § 23) liegen die Verhältnisse doch nicht. Gewiß ist nur, daß der erste Redaktor von S^b eine wenn auch nicht unfehlbare, so doch ganz vortreffliche Kenntniß des Ursprungs der Keilschriftzeichen besaß, und daß sein Werk, vielfach abgeschrieben und zum Theil vielleicht auch überarbeitet, in Babylonien wie in Assyrien sich weiter Verbreitung erfreute.

was Schwierigkeiten macht, so tragen doch beide ihre Zusammensetzung mit 𒅴 „Mund" offen zur Schau.

Der sogen. „Winkelhaken" 𒌋, arch. ⟨, diente ursprünglich, wie in § 17 dargelegt werden wird, zum graphischen Ausdruck des Begriffes *deprimere*, niederdrücken, niederwerfen", desgleichen von „Depression, Senkung, Loch". Fügte man dieses ⟨ in 𒆠 „Erde" ein, so erhielt man das Zeichen für „Erdloch, Schlucht"(*nirrud* - *ḫurru*); in §ᵇ 184 ist dieses Zeichen, welches neuassyr. 𒆠, neubabyl. 𒆠 geschrieben wird, direkt an 𒆠 (§ᵇ 181-183) angeschlossen. Setzte man dagegen ebendieses ⟨, ⟨ in 𒑱 „Umfassung" hinein, so erhielt man das Ideogramm für „Cisterne, Brunnen"(*dûl* - *būru*) 𒑱 (von den Semiten auch für die Sylbe *pú* verwendet).

Vergleiche noch das Zeichen für „Schlacht"(*mē* - *taḫâzu*) 𒁹𒋾, ge-

---

¹) 𒅴 ist ziemlich klar. Da 𒅴 urspr. „Geflecht, Netz" bedeutet (s. 819), dann aber auch ziemlich alle die Bedd. hat(„Gefäße", „Band, Sime" des Körpers u.s.w.), welche das assyr. *zinnu* (s. HWB) aufweist, so kann das Zeichen für „Lippe" als *nisiš pî* „Band, Saum oder Verschluß des Mundes" gedeutet werden, und da die Schrifterfinder 𒅴 auch für „Zahn" gebrauchten, liesse sich vielleicht sogar ἕρκος ὀδόντων vergleichen. Schwieriger ist das aus „Mund + groß" erwachsene Zeichen; „groß, hoch" s.v.a. aufgeworfen, hervortretend? Ob in 𒅴 𒁹 - *di* „rufen, schreien", gleichbed. mit 𒅴 - *dê* (s. HWB u. S. 327), 𒅴 𒁹 die „Lippe" bed.? Vgl. im Assyr. den Wechsel von *ṣiṣit*, *ṣiṣît* *pî* und *ṣiṣît* (*ṣiṣît*) *šapti*.

²) Gemäß 81,7-27 bed. 𒆠 (*ni*) nicht nur mit eingefügtem ⟨ (Zeichenname: *giṣu*), son-

§ 8. Durch Ineinanderfügung gebildete Zeichen: ⟨⟩, ⟨⟩.   55

bildet aus ⟨⟩ „handeln, thun, Treiben" und ⟨⟩ „Kriegsmann", also eigentlich „Kriegershandwerk"; ferner ⟨⟩ „Urin" (*kaš, kiši – šīnātu*) d.i. ⟨⟩ *penis*, φαλλός, + ⟨⟩ „Wasser"; endlich ⟨⟩ „Wein" (*geštin – karānu*), ein Zeichen, welches auch noch im Neuassyrischen seinen Ursprung aus ⟨⟩ (*geš*) + ⟨⟩ (*tin*), also „Holz (Baum) des Lebens", nicht verläugnet.¹ ⟨⟩ und ⟨⟩, ⟨⟩ und ⟨⟩, ⟨⟩ und ⟨⟩ werden auch vom Verfasser von S^b je paarweis (Z. 153 f., 228 f., 293 f.) zusammengeordnet.

Wie bei der unter I.1 besprochenen Zeichenklasse, muß auch bei diesen durch Ineinanderfügung gebildeten Zeichen zur Erkenntniß ihres Ursprungs nicht selten auf das Neubabylonische oder noch weiter das Alt-babylonisch-Archaische zurückgegriffen werden. So erkennt man für das Zeichen des „Monats" (*iti – arḫu*), neuassyr. ⟨⟩, die Zusammensetzung aus „Tag" (⟨⟩, ⟨⟩) und der Ziffer 30 (⟨⟩) nur im neubabylonischen ⟨⟩, desgleichen für ⟨⟩ „Ungeziefer" (*uḫ – kalmatu*) die Zusammensetzung aus „Massenhaftigkeit, Menge" (⟨⟩, ⟨⟩) und „groß, viel" (⟨⟩) nur in der neubabylonischen Zeichenform ⟨⟩: das „Ungeziefer"

---

denn auch mit eingefügtem ⟨⟩ (Name: *bad-da*, Acc.) *ḫurru*: „Erd-Öffnung" ⟨⟩. Komponiert mit ⟨⟩ „öffnen" sind gewiß auch die beiden Zeichen für „Speichel", ⟨⟩ und ⟨⟩.
1) Beachte die sehr richtige Bemerkung Hilprechts in Pennsylv. II, p. 39 n. 1.

50   Kap. I. Die bekannten Zeichenkomposita: 𒀭𒌋𒌋𒌋, 𒄞.

(d.i., wie es näher spezifiziert wird: Würmer, Flöhe, Läuse u.dgl.) wurde von den Schrifterfindern als „massenhaftes" bezeichnet – ein recht bezeichnendes" Zeichen, welches sich trefflich noch heute als Salve über der Thür jedes orientalischen Chans eignen würde¹. Hinwiederum enthüllt sich uns das Ideogramm des „Wildochs"(ama-rîmu), neuassyr. 𒄞, neubabyl. 𒄞, als entstanden aus 𒄞 „Stier, Ochs"(gud-alpu) + 𒆳 „Berg (kur-šadû), also „Bergochs"(der rîmu, 𒀖?), ist bekanntlich ein Thier des Waldes wie des Gebirges und ein ausgezeichneter Kletterer, der die höchsten Spitzen der Berge erklimmt)², wenn wir das altbabylonische, 𒄞, bez. archaische Zeichen, 𒄞, berücksichtigen. Das Syllabar S^b vereinigt treffend die beiden Ideogramme 𒄞 und 𒄞 zu Einem Paar (s. Z. 96 f.).

Mannichfachen Derivaten hat das Zeichen 𒄞, arch. 𒄞, „Woh-

---

1) W. Haughton, l.c. p. 480, hält die altbabyl. Form 𒄞 für „suggestive enough of an annelid [Ringelwurm], both in a lengthened or larval form 𒄞, and in a spiral attitude 𒄞, the ideograph being „an elongated worm that can roll itself up"! – Für das möglicherweise aus 𒀭𒌋𒌋𒌋 (neubabyl. 𒄞, 𒄞 u.ä., altbabyl. 𒄞), ich bitte den lapsus calami unten auf S. 55 zu verbessern) weitergebildete Ideogramm für „Schwarz", 𒀭𒌋𒌋𒌋, s. § 15.

2) George Smith, The Phonetic Values of the Cuneiform Characters, London 1871, bemerkt p. 5: „This addition of 𒆳 appears to indicate the wild ox, and the simple character „the domestic ox", ohne sich über die Ded. von 𒆳 auszusprechen. Falsch

§ 8. Durch Ineinanderfügung gebildete Zeichen: ⟨sign⟩.　　57

nung, Wohnraum" (ab, eš – aptu, bîtu) den Ursprung gegeben. Wie §§ 191–193 lehrt, gewann man aus diesem Zeichen, je nachdem man ⟨sign⟩ "Finsterniß", ⟨sign⟩ "groß" oder ⟨sign⟩ "Kind" einfügte, die drei weiteren Schriftzeichen ⟨sign⟩ d. i. "Unterwelt, Grab" (unu-ge "Wohnung der Finsterniß" genannt und geschrieben), ⟨sign⟩ d. i. "Grab" (urugal – kabru) als "die große Stadt" (was auch uru-gal besagt), und endlich ⟨sign⟩ d. i. "Mutterleib, Mutter" (agarin – ummu) als "Kindes-Behausung". In allen diesen Fällen ist die Komposition noch innerhalb der neuassyrischen Zeichen klar genug. Es giebt aber auch noch zwei andere sehr bekannte Zeichen, welche gewiß ebenfalls zu den mit Hülfe von ⟨sign⟩ gebildeten Kompositionen gehören, deren Ursprung aber erst aus den altbabyl. und altassyr. bez. archaischen Zeichenformen erhellt. Das eine Zeichen ist ⟨sign⟩ "Galle" (si – martum), neubabyl. ⟨sign⟩, altassyr. (II R 39, 31 b, Inschrift Rammannirari's I) ⟨sign⟩, altbabyl. ⟨sign⟩, arch. ⟨sign⟩. Da das Ideogr. ⟨sign⟩ (in der Lesung sig) "Herzeleid, Trübsinn, Kummer, Bangigkeit, stürmische Erregung" bedeutet, so scheint mir wenigstens klar, daß die χολή oder "Galle" graphisch

---

dagegen Houghton p. 463: "the long-horned bull of the country", i.e., "the wild bull".

sehr sinnig bezeichnet ist als Sitz und Ursprung des χόλος. Das andere Zeichen ist das Ideogramm des „Vaters"(ad-abu): neuassyr. ⟨sign⟩, neubabyl. ⟨sign⟩, altassyr.(I R 49 Col. II 2.28) ⟨sign⟩, altbabyl.-arch. ⟨sign⟩ (auch -weniger gut- ⟨sign⟩). Da das hier in ⟨sign⟩ „Wohnung" hineingetretene ⟨sign⟩, ⟨sign⟩ in §ᵇ₁ Col. II 18 f. sowohl durch abu „Vater" als aḫu „Bruder" wiedergegeben wird, beide Anwendungen aber der dem Zeichen ⟨sign⟩ gleichfalls eignenden und wohl seine Urbedeutung bildenden Bed. „schirmen, schützen" entstammen (der „Bruder" wird auch sonst als „Beschützer" – doch wohl seiner jüngeren Geschwister und vornehmlich seiner Schwestern?- bezeichnet, vgl. ⟨sign⟩), so wird das Ideogramm für „Vater" diesen wohl sicher als „Schirmherrn der Wohnung, des Hauses, der Familie", als puter (d.i. sanskr. pātar „Schützer") familias charakterisiert haben¹. Meine Erklärung von ⟨sign⟩ si findet ihre monumentale Bestätigung durch §ᵉ, indem dort in Z. 194 das Zeichen ⟨sign⟩ unmittelbar an die oben besprochenen drei andern Komposita mit ⟨sign⟩ (Z. 191-193) angeschlossen ist – auch der Autor von §ᵉ

---

1) Sayce sagt (s. TSBA II 483): „The archaic Babylonian form of ad is ⟨sign⟩, that is, the ideograph of making, ▷ (or ⟨sign⟩), inside the ideograph of „nest", ⟨sign⟩. The father, therefore, was pictorially represented as „the maker of the nest", or

§ 8. Durch Ineinanderfügung gebildete Zeichen: 𒂍.

analysierte es also genau so wie wir. Um so befremdlicher ist, daß
er das Zeichen 𒂍 ganz anderswo untergebracht hat, nämlich in Z.
93, wo es auf die Zeichen 𒂊 und 𒂊 folgt. Nun dürfen wir
uns allerdings nicht allzusehr wundern, wenn wir bei unserer Deutung des Ursprungs der Keilschriftzeichen dann und wann in Wi-
derspruch mit §⁶ gerathen. So ungemein schätzenswerth uns die Zeichenordnung von §⁶ ist, so war doch ihr Verfasser, wie schon S. 53 Anm.
gesagt wurde, nicht unfehlbar (so wenig wie wir). Wir dürfen ihm
nicht sklavisch folgen und werden im Laufe dieser Untersuchung noch
mehr als einmal und, wie ich glaube, mit gutem Grund ohne jede
Rücksicht auf §⁶ unsere eigenen Wege gehen müssen (vgl. §27). Indeß läßt sich gerade für 𒂍 doch vielleicht noch vermuthen, wie
der babylonische Schriftgelehrte dazu kam, 𒂍 mit 𒂊 zusam-
menzustellen. Es könnte den nämlichen Grund haben wie eine andere Ungenauigkeit in §⁶, die nämlich, daß das zwischen 𒂍 und
seine Komposita eingeschobene „gunierte" 𒂍-Zeichen nicht 𒂊 (dies

---

‚family'; ‚the builder of the house', as the mother was ‚the ornament' or ‚divi-
nity of the house'. Die Erklärung von 𒂍 ist, wie man unschwer sieht, unzutreffend,
ebenso wie die des Ideogramms für „Mutter", 𒂼, sich nicht bewährt; s. § 13.

Kap. I. Die bekannten Zeichenkomposita: [Zeichen].

das einzig Richtige), sondern [Zeichen] geschrieben ist (Z. 190). Diese Verwechselung von [Zeichen] und [Zeichen] scheint schon in ziemlich alte Zeit zurückzugehen — es ist daher wenigstens denkbar, daß auch die Einreihung von [Zeichen] in $\S^b$ auf dieser Verwechselung beruht.

Daß auch drei Zeichen, in unserm Fall zwei gleiche Zeichen mit einem dritten zu einem neuen Zeichen verbunden werden konnten, lehrt die meines Erinnerns zuerst von G. Smith (in Phonetic Values p. 5) hervorgehobene Entstehung des Ideogramms für „Heerde" (Hunde) aus [Zeichen] „Einfassung, Umschließung" und in pluralischem Sinn doppelt gesetztem [Zeichen], also [Zeichen] oder [Zeichen], das Ganze geschrieben [Zeichen] (’u - rubṣu).

Unter all dem bisher Auseinandergesetzten findet sich nicht viel Neues. Schon G. Smith sagt in seinen Phonetic Values p. 4: "The original Hieroglyphic system from which the Assyrian characters were derived, differed from the Egyptian and Chinese modes of writing in the small number of characters employed, there being only about 180 original signs; but by combining two or more of these characters together about 200 compound characters were pro-

§ 8. Durch Ineinanderfügung gebildete Zeichen.

duced, raising the whole number of signs to about 380". Also schon G. Smith hielt für c. 200 Zeichen die Entstehung aus Komposition für ausgemacht. Nach meiner Zählung sind als Komposita durch Doppelung gleicher Zeichen 15, durch Zusammensetzung mehrerer ungleicher Zeichen 49, also im Ganzen 64 sicher durchschaubar; noch nicht vollkommen klar, aber in ihrem Ursprung als Komposita jedem Zweifel enthoben sind 98, wozu noch 12 mit ⊲, 5 mit ⊼ gebildete Zeichen kommen, im Ganzen 115. Summa summarum: 64 + 115 = 179 zweifellose Komposita.

Wir sprachen jedoch auf S. 42 f. von „410 einheitlichen oder wenigstens scheinbar einheitlichen Schriftzeichen". Ziehen wir diese 179 in Wahrheit nur scheinbar einheitlichen ab, desgleichen die auf ihr Urbild bereits zurückgeführten 19 (179 + 19 = 198), so verbleibt immerhin noch ein Rest von 212 oder rund 200 babylonischen Keilschriftzeichen, welche bezüglich ihres Ursprungs noch als völlig dunkel gelten müssen.

———⟨⊢→———

Zweites Kapitel.
Die ihrem Ursprung nach unbekannten 200 Zeichen.

Etwas mehr denn 200 Keilschriftzeichen sind bis jetzt dem Forschen nach ihrem Ursprung unnahbar geblieben, wie denn z. B. George Smith, wie wir sahen, von "180 original signs" spricht, also 180 Zeichen als nicht weiter anzutastende ursprüngliche Bilderzeichen anerkennt. Allein diese scheinbar undurchdringbare Mauer, welche sich in Gestalt dieser 200 Räthselzeichen vor das Geheimniß der Keilschrift lagert, ist nicht so uneinnehmbar wie sie scheint – vielmehr legen wir Bresche in sie mit vierfachen Angriffsmitteln.

I. Gunierung.

§ 9.

Die von den Assyrern selbst als "gunirt" bezeichneten Zeichen.

Das erste Mittel, welches uns den Ursprung einer Anzahl vermeintlich einheitlicher Zeichen entschleiert, ist die sogen. Gunierung.

§ 9. Die gunierten Zeichen der Assyrer.   63

Die assyrischen Schriftgelehrten bezeichnen, soweit uns ihre mannichfachen Zeichenlisten bis jetzt veröffentlicht vorliegen und ich dieselben überblicke, 11 Keilschriftzeichen als *Gunû*-Zeichen. Es sind die folgenden:

1. ⟨sign⟩ *sír-gunû*   d.i. guniertes ⟨sign⟩ *sír* (S^a I 24).
2. ⟨sign⟩ *kûa-gunû*   "   "   ⟨sign⟩ *kûa* (ibid. I 39 f. S^c 120).
3. ⟨sign⟩ *igi-gunû*   "   "   ⟨sign⟩ *igi* (ibid. II 9).
4. ⟨sign⟩ *sagga-gunû* "   "   ⟨sign⟩ *sag* (ibid. II 41).
5. ⟨sign⟩ *gakku-gunû* "   "   ⟨sign⟩ *gag, kak* (ibid. III 32 vgl. § 260 f.¹).
6. ⟨sign⟩ *sî-gunû*   "   "   ⟨sign⟩ *si* (S^c 64²).
7. ⟨sign⟩ *tun-gunû*   "   "   ⟨sign⟩ *tu(n)* (S^c 19).
8. ⟨sign⟩ *eš-gunû*   "   "   ⟨sign⟩ *eš* (S^c 93).
9. ⟨sign⟩ *ninda-gunû* "   "   ⟨sign⟩ *ninda* (S^c 114).
10. ⟨sign⟩ *aragub-gunû* " "   ⟨sign⟩ *aragub* (S^a II 46).
11. ⟨sign⟩ *mušlanu-gunû* " "   ⟨sign⟩ *mušlanu* (82,8-16,1 Col. I 11).

---

1) Die dortige Ergänzung *ga-[ag-gu-]nu-u* scheint mir um so sicherer als dort Z. 254-259 ebenfalls ⟨sign⟩ d.i. *udu* vorausgeht, gerade so wie in § 4 *ú-du-ú* von *ga-ag-gu-nu-ú* gefolgt ist.
2) Hier ganz genau *si-i-gu-nu-u*. S^a IV 21 einfach *gunû*, wo im Anschluß an Z. 20 *si-i* davor zu ergänzen ist. Ebensolche Weglassung des vorhergehenden Zeichenna-

Daß die babyl.-assyrischen Zeichennamen sehr alt sind und an die ältesten Zeichenformen anknüpfen, ist eine immer von neuem sich bestätigende Thatsache. Wären die Namen erst von den jüngeren assyrischen oder babylonischen Gelehrten erfunden worden, so würden sie zum Theil gewiß ganz anders gelautet haben. Was lag z. B. näher als ⌧ in ⌧+⌧ oder ⌧ (neubabyl. ⌧) in ⌧+⌧ zu zerlegen? und wer von ihnen hätte darauf verfallen können, ⌧ mit seinen 2 Keilchen mehr als ⌧ für „guniertes" ⌧ zu halten?

Übertragen wir nun, bevor wir die Bedeutung des grammatischen terminus *gunû* untersuchen, die obige Zeichenliste in das Altbabylonische bez. Archaische, so erhalten wir, indem wir gleichzeitig die obigen beiden Kolumnen umstellen, die folgende Doppelreihe:

Einfache Zeichen.	Gunû-Zeichen.
1. ⌧	⌧ (bei Neb. auch ⌧).
2. ⌧	⌧
3. ⌧	⌧

ums findet sich §'s Col. VI 10: *gunû* statt *igu-gunû*.
3) Die Ergänzung dieses Zeichens (mit dem Lautwerth *suḫ*) darf nach dem Zusammenhang zuversichtlich gewagt werden.
4) Natürlich giebt es auch hier Ausnahmen d. h. einzelne erst aus jüngerer Zeit datierende Zeichennamen. Eine auch das unveröffentlichte Material des Britischen Muse-

§ 9. Die gunierten Zeichen der Assyrer.   65

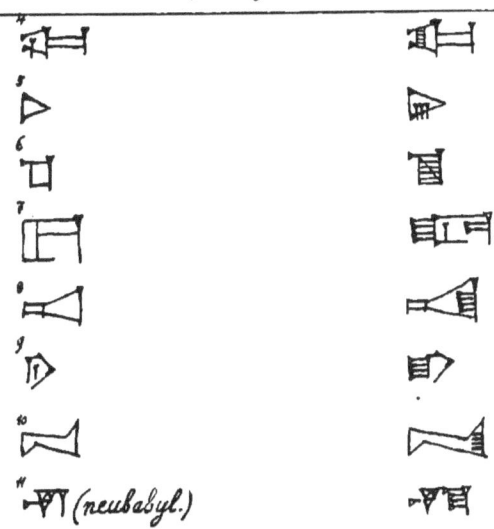

¹¹ ►〒 (neubabyl.)   ►▼冒

Ein Blick auf diese Übersicht genügt, um erkennen zu lassen, worin die Gunierung besteht. Sie besteht in einer Hinzufügung von zumeist vier wagrechten (so Nr. 2-4. 6-11), auch wohl drei senkrechten (so Nr. 1.5) Keilen. Die zu Nr. 1 notierte Variante der Nebukadnezar-Inschrift lehrt, daß zwischen der Hinzufügung wag- oder senkrechter Keile bez. Linien kein prinzipieller Unterschied besteht; warum man bei Nr. 1 und 5 gerade senkrechten Keilen oder Linien den Vorzug gab, begreift sich leicht genug¹. Dagegen ist die in der großen Majorität der Zeichen vorliegende

---

uns verwerthende Zusammenstellung aller babyl.-assyrischen Zeichennamen wäre eine sehr verdienstliche Arbeit.

¹) Im Neuassyrischen ist, wie eine Vergleichung unserer beiden Listen lehrt, die

Kap. II. Die unbekannten Zeichen: 𒀭 .

Vierzahl von Linien gewiß keine zufällige. Die Gunierung besteht hiernach in einer Beschwerung der einfachen Zeichen mittelst vier wag. oder auch senkrechter Linien. Ich wähle den Ausdruck „Beschwerung" absichtlich, weil ich gunû von dem sumer. gun „Bürde, Last" (assyr. biltu, s. HWB u. 3 21) herleite – die Zeichen sind ja in der That beschwert, jedenfalls nicht „geschwänzt" (tailed), wie Sayce, der sumer. gun „Schwanz" vergleicht, wenig glücklich vermuthet.

Der gesunde Menschenverstand lehrt, daß die Schrifterfinder diese Hinzufügung von vier Linien, diese „Beschwerung" bestimmter Zeichen nicht müßig, sondern mit guter Absicht vornahmen, er lehrt gleichzeitig, welches diese Absicht gewesen. Jede Hinzufügung bedeutet eine Mehrung, Steigerung, die Vier ist die gesteigerte, potenzierte Zwei, also sollte wohl mit ihrer Ein- oder Vorfügung die Potenzierung des Begriffs des einfachen Zeichens symbolisiert werden? Ich antworte: Ja, und will

Gunierung mittelst 4 Linien theilweise vermischt worden (s. Nr. 6 und 8). In Nr. 8 erscheint statt ihrer 𒀭, wozu die neuassyr. Form von kiš, 𒆪, zu vergleichen ist (s. S 16). Auch das in §ᵇ 198 f. auf 𒁺 (gur - namandu; ninda - ittû) folgende 𒀭 (kaš – šabru/): zig - zikru/ₐ) könnte recht wohl guniertes 𒁺 (ard. 𒁺) sein.

1) S. Lectures upon the Assyrian Language, p. 154. Diese rein äußerliche, formelle Betrachtungsweise der Gunierung hat zur Folge gehabt, daß man über den inneren Zusammenhang der einfachen und gunierten Zeichen bislang im Dunklen blieb.

§9. Die gunierten Zeichen: [cuneiform] ([cuneiform]), [cuneiform]. 67

es sofort beweisen¹.

(1) Während das einfache ⟨▷— (neuassyr. [cuneiform]) „lang sein, lang" (gíd – arâku, arku) bedeutet, bedeutet das potenzierte ⟨▷—, „sehr lang sein", daher „fern sein, fern" (sîr – rûku). Wäre uns die älteste Form des Zeichens für „Schlange" (muš – šîru) bereits sicher bekannt – wir können einstweilen, was das Zeichende betrifft, nur vermuthen, etwa ⟨▷—, so würden wir bestimmt sagen können, ob die Schrifterfinder die „Schlange" als das „sehr lange, am Boden kriechende" Wesen bezeichneten; das „sehr lange" dürfte wohl gewiß in dem Ideogram enthalten sein.

(6) Während mit dem einfachen ▯ (neuassyr. [cuneiform]) sich der Begriff des Sich-füllens (Zunehmens), Vollmachens" (si – malû, mullû) verband, bedeutet das potenzierte [cuneiform], [cuneiform], [cuneiform] „über das gewöhnliche (oder frühere) Maß hinausgehen machen, steigern, riesig machen" (dar – šutturu, St. יתר, s. HWB 248 b).

(8) Während das einfache ⌂ (neuassyr. [cuneiform]) „Wohnung, Wohnraum,

---

¹) Wir machen bei der Gunierung die sich im Lauf dieser Untersuchung noch öfter wiederholende Beobachtung, daß die Schrifterfinder, welche augenscheinlich für Zahl- und Raumverhältnisse, für Maße u.dgl., kurzum für Mathematik in allen ihren

68　　　Kap. II. Die unbenannten Zeichen: 𒌷, 𒌷.

"Behausung" schlechtweg bedeutet (also z. B. auch ein Vogelnest), verbindet sich mit 𒌷 stets der Begriff einer grossen, hehren, herrlichen Wohnstätte (einer "Residenz"): Erech, Larsam, Ur u. s. w. sind solche 𒌷 (neuassyr. 𒌷), daher die Ideogramme für jene Städte 𒌷 𒌷, 𒀭 𒌷 𒌷, 𒌷 𒌷 𒌷, 𒀸 𒌷 𒌷¹. S^b 190 schliesst das gunierte Zeichen (unu - šubtum) unmittelbar an das einfache 𒌷 (S^b 188 f.); erst dann folgen die mit Hülfe von 𒌷 gebildeten Zeichenkomposita.

(10) Das Bild des Unterschenkels bez. Fusses, 𒆪 (neuassyr. 𒆪) dient zur graphischen Darstellung der Begriffe "gehen", "stehen", "stellen", ein Mensch steht, 𒆪, da oder dort; aber der Ort, da ein Haus, eine Stadt, eine Mauer steht, deren Piedestal oder Fundament (ošu - išdu) ist ein 𒆪.

(5) Wenn uns die Babylonier selbst bezeugen, dass 𒅖 (neuassyr. 𒅖) das gunierte oder potenzierte ▷ sei, so haben wir keinen Grund dies zu bezweifeln: die Schrifterfinder werden also den mit 𒅖 (iz)

Zweigen hervorragend veranlagt waren, ihre diesbezüglichen Zeichen (Ziffer 3. B.) auch für die Bildung der eigentlichen Schriftzeichen mit verwertheten.

¹) Vgl. auch 𒌷 (bez. 𒌷) 𒌷 = urugal - qabru (urspr. wohl Nekropolis).

§9. Die gunierten Zeichen: 〈cuneiform〉 nebst 〈cuneiform〉, 〈cuneiform〉.

verbundenen Begriffen „binden, koppeln, anseilen" (auch: dingfest machen, gefangen wegführen) größere Intension beigemessen haben als dem mit dem Bilde des Pflockes ▷¹ verknüpften Begriffe „festigen, befestigen" (ritû, s. HWB 630 a). Aus dem gunierten 〈cuneiform〉 ist dann weiter durch Vorfügung von ▭ das Zeichen 〈cuneiform〉 muġ (neuassyr. 〈cuneiform〉) mit der Bed. „festbinden, schnüren, pressen" hervorgegangen. Das vorgetretene ▭ ist das Zeichen für „eins" (aš – edu), ein Begriff, mit welchem die Sumerier die Bed. des in sich Abgeschloßenen, Kompakten, Festen verbanden. So hier und, wie wir sehen werden, in anderen Fällen. Um noch etwas anderes gleich hier mit anzuschließen, so ist die im Sumerischen außerordentlich beliebte Bildung und Hervorhebung des Thatworts durch Hinzufügung des Verbums „thun, machen" (〈cuneiform〉, 〈cuneiform〉 u. a.), z. B. schneiden-thun, kosten-thun, Vogel fangen-thun (〈cuneiform〉 〈cuneiform〉), schon in der Periode der Zeichenbildung zu beobachten. Das altbabyl.-archaische Zeichen dim „binden; Seil, Tau", 〈cuneiform〉, 〈cuneiform〉, 〈cuneiform〉 (Vase Naram-Sins), dürfte vor allem im Hin-

---

1) ▷ bed. den „Pflock" (sikkatu), den spitzen Pflock (Nagel), es ist das immer wiederkehrende Motiv der „Spitze". Möglich, daß diese Grundanschauung uns auch in dem Ideogr. für „Scheitel" (muḫ – muḫḫu) 〈cuneiform〉 (5b¹ Col. II 20), noch entgegentritt. Aus

Kap. II. Die unbenannten Zeichen: 〈𒁹〉, 〈𒁹〉.

Blick auf die Zeichenformen bei Hammurabi und Nebukadnezar II, nämlich 〈𒁹〉, 〈𒁹〉, 〈𒁹〉, als eine solche Komposition aus ▷ „festigen" bez. 〈𒁹〉 „schnüren" + ▷ „thun" zu betrachten sein. Diese Vermuthung hegte ich bereits, bevor ich zu meiner Freude wahrnahm, daß auch §§ 162-164 die drei Zeichen 〈𒁹〉, 〈𒁹〉 und 〈𒁹〉 (dim) auf das Engste zusammenschließt.

(1) Wir Deutsche nennen „Dickkopf" einen Menschen, der hartnäckig und gleichsam blind und taub gegen jede Beeinflussung auf seiner Meinung besteht; den Sumeriern scheint der Jähzornige, Wüthende als ein Mensch erschienen zu sein mit dickem, von Wuth gleichsam geschwollenem Kopfe, wenigstens schrieben sie „zornig, grimmig" (šur — ezzu, šamru) mit dem gunierten Zeichen „Kopf". In §§ 1 Col. IV 25 schließt unser Zeichen 〈𒁹〉 die Gruppe 〈𒁹〉 und Komposita ab, worauf dann die 〈𒁹〉 - Gruppe folgt.

(2) Der Tisch (kûa - nûnu), welcher auf den Reliefs der assyrischen Paläste so etwa dargestellt wird: 〈𒁹〉, und in ziemlich genauer Über-

---

„festigen, festmachen" ist dann die allgemeine Bed. „machen, schaffen, bauen" hervorgegangen, welche vielleicht auch innerhalb des Ideogr. 〈𒁹〉 (= maštaku, §§ 1, V 15) vorliegt.
1) Daß auch an 〈𒁹〉 (gu) und 〈𒁹〉 (šur) erinnert werden, welche Seite napharum

§ 3. Die gunierten Zeichen: 𒄉 , 𒄊 .

einstimmung mit diesem „Bilde" Pennsylv. II Nr. 109,3 𒆳 geschrieben ist, diente kraft seiner außerordentlichen Fruchtbarkeit als Symbol des sich Mehrens, weßhalb das Zeichen (neuassyr. 𒄉) auch für ḫa (verwandt ḫe) „Menge, Überfluß" gebraucht wurde. Die Potenzierung kann hier naturgemäß eine wesentliche Steigerung des Begriffes nicht herbeiführen, die Gunierung dürfte vielmehr hier wie in analogen Fällen nur bezweckt haben, die betreffende Bedeutung recht sinnenfällig zu machen. Die sumerischen Schrifterfinder benützten das neugewonnene Zeichen, neuassyr. 𒄉, zur Wiedergabe des Wortes peš „sich weiten, sich mehren, strotzen, strotzend" u.s.w. (napāšu, rapāšu, ḫuṣabu, s. Näheres in HWB u. I. ω ɔ ɪ).¹

Eine Steigerung des in dem einfachen Zeichen liegenden Begriffes war gewiß auch bei (11) 𒄊 im Verhältniß zu 𒄉 beabsichtigt, wir selbst wollen uns einstweilen gern damit zufrieden geben, daß das Vokabular 83,1-18, 1330 Col. III 30 f. beide Zeichen durch sum. mu-uš,

(wohl auch kalūma, kullatum) Bedeuten + P. 83, 1-18, 1330 Col. II.

1) Vgl. auch 83, 1-18, 1330 Col. I 13 f., wo peš in die Schreibung 𒂞 𒄉 durch napāšu, nuppušu, nipšu, paṣ, adu erklärt wird. Auch „schwanger sein" (peš, 𒊩𒆪, = erū, alidu § 57 f.) geht auf die Grundbed. „sich weiten, sich mehren" zurück. — Bei meinen vielfachen Citaten aus den „Syllabaren" 83, 1-18, 1330/31.32.35 habe ich mich an die vor-

Kap. II. Die unbenannten Zeichen: 𒅆, 𒅇.

sem. *zīmu* erklärt.

(3) Für das mittelst Gunierung von 𒅆 d.i. Auge, Antlitz, Erscheinung(?) gebildete Zeichen 𒅆, arch. 𒅆, 𒅆 u. ä. (s. Pennsylv. II Nr. 87 Col. II 40), welches hauptsächlich „gelb, grün, fahl, bleich sein" (*sig-anāku*) bedeutet, wage ich noch keine Erklärung, zumal da ich mir über das Verhältniß dieses Zeichens zu 𒅆 noch nicht ganz klar bin. Einstweilen beachte, daß in dem Vokabular 82, 8-16, 1 Col. I neubabyl. 𒅆 den Namen *igi-gunû*, 𒅆 dagegen den Namen *gi-gu-nu* führt (s. Z. 4. 25).

(9) Ein sehr lehrreiches Beispiel der Gunierung ist 𒅇, das Zeichen für das Wort *bur*, welches, wie nicht geläugnet werden soll, unter anderm auch „Behältniß, Gefäß" bedeutet (vgl. 𒅇 = *passūru* S⁽ᵇ⁾64, 𒅇 𒅇 u. a., viell. auch *sa-bura* „Vogelkäfig", eig. Gitter-Behältniß?, *ù-bur*, *bura-nunu* u. s. w.). In der Annahme, daß auch Andere an diesem besonders interessanten Gunu-Zeichen gern ihren Scharfsinn erproben werden, verspare ich die eigene Erklärung für einen andern Ort und mache hier nur auf Folgendes aufmerksam. Trotz der schon in sehr alten archaischen Texten sich findenden Zeichenform 𒅇 (s. Amiaud-Méchineau Nr. 118),

---
treffliche Ausgabe Carl Bezolds in PSBA XI, 1889, p. 44 ff. gehalten.

§ 9. Die gunierten Zeichen: [sign], [sign].

[sign] (Pennsylv. Nr. 115, 4a) ist niemals zu vergessen, daß *bur* guniertes [sign], altbabyl. [sign] ist, wie denn *bur* im Altbabylonischen von Gudea bis herab zu Nebukadnezar II stets [sign], [sign], [sign] geschrieben wird; vgl. das gedoppelte *bur* (= *Akkadû*), altbabyl. [sign], auch (mit Minderung der allzuvielen Gunu-Linien) [sign], [sign], [sign].[1] Die sumerische Bed. *ninda*, welche [sign] gemäß dem Zeichennamen *ninda-gunû* hat, eignet auch dem Zeichen [sign] (s. § ^{b} 197).

So kann und konnte also für zehn der auf S. 63 aufgeführten elf Gunu-Zeichen die allernächste Bedeutungsverwandtschaft mit den entsprechenden einfachen Zeichen und überdies für die Mehrzahl von ihnen eine Potenzierung, Steigerung ihrer Bedeutung gegenüber der der einfachen Zeichen nachgewiesen werden. Es fehlt nur noch (7) das Ideogramm für *agû* (sumer. *aga*), dessen eine Hauptbed. „Krone" ist. Seine Deutung muß ich einstweilen noch unterlassen, da die z. B. in § ^{b} 1 Col. II 12-14 für das einfache Zeichen *tun* genannten semitischen Äquivalente *pâšu*, *kudu*, *takaltum* noch zu wenig sicher erklärt sind. Natürlich reicht § ^{b} 1 (ebenso wie 83, 1-18, 1330) [sign] unmittelbar an [sign] an.

---

[1] Beachte auch die Schreibung [sign], z. B. bei Ur-Gur (s. Pennsylv. I. Nr. 14 Obv. 6).

Bedürfte es indeß noch eines weiteren Beweises für die Richtigkeit unserer Auffassung der Gunierung, so steht auch ein solcher zur Verfügung. Wie S^b 368. 371 lehrt, konnten die beiden sumerischen Synonyma mus̱ub und us̱an (beide = sem. šimetan) entweder 〈zeichen〉 〈zeichen〉 oder aber 〈zeichen〉 geschrieben werden, d. h. es kam ganz auf das Nämliche hinaus, ob man 〈zeichen〉 gunierte oder es durch das Adj. rubû „groß, viel" vermehrte.[1]

§ 10.
Neue Gunu-Zeichen.

Die „Gunierung" erweist sich nun aber in noch viel größerem Umfange für den Ursprung der babylonischen Schriftzeichen bedeutsam als nur für die bisher besprochenen elf Zeichen. Wir erkennen bei näherem Zusehen noch eine beträchtliche Anzahl anderer gunierter Zeichen, darunter etliche der allergebräuchlichsten Zeichen.

Ein interessantes Beispiel für Gunierung und deren Bedeutung bieten die altbabyl.-archaischen Formen des neuassyr. 〈zeichen〉 „Dolch" (gír-patru). Es entsprechen diesem Zeichen zwei altbabylonische, nämlich 〈zeichen〉 (〈zeichen〉) und 〈zeichen〉 (〈zeichen〉), von denen das letztere,

§ 10. Neue Gunu-Zeichen: guniertes ⟦GÍR⟧.   75

wie man sofort erkennt, Gunierung des ersteren ist. Nun haben schon Amiaud und Méchineau auf p. 128 ihres Tableau comparé darauf hingewiesen, daß die Zeichenform ⟦...⟧ auf dem Gudea-Cylinder A, III 11 innerhalb der Zeichengruppe ⟦...⟧ d. i. pat_ru rabû „der große Dolch" oder namṣaru „das Schwert" sich findet — kann es eine schönere Bestätigung für unsere bisherigen Ausführungen über die Gunierung geben als diese? ⟦...⟧ Dolch, ⟦...⟧ großer Dolch! Das Neubabylonische (⟦...⟧) bez. Neuassyrische (⟦...⟧) verzichtete auf diese feine Unterscheidung und verwendete das einfache ⟦...⟧ für jede Art Dolch.

Excurs. Beiläufig gleich ein Wort über ⟦...⟧ selbst. Daß dieses Zeichen einen Dolch, näher eine Dolchspitze (gír bed. ohnehin eig. „spitz", „Spitze, Stachel", daher auch „Blitzstrahl", und vgl. ⟦...⟧ ⟦...⟧ „Dorn") passend zum graphischen Ausdruck bringt, kann niemand läugnen: das Motiv der „Spitze" ⟦▷⟧ ist das nämliche, das wir bereits in ▷ (S. 69 Anm. 1) erkannten und das auch in dem Zeichen für „Haupt, Spitze", ⟦◁⟧, wiederkehrt. Wie aber dieses letztere Zeichen zusammengesetzt ist, so giebt sich auch ⟦...⟧ ohne Weiteres als kombiniert aus ▷ + ⟦✕⟧, ⟦✕⟧, neuassyr. ⟦...⟧ ḫal. Da dem sumerischen

Kap. II. Die unbekannten Zeichen: ⋈—, 𒄄.

Worte ḫal die doppelte Bed. eignet: „laufen(dahinfliegen), rasch dahinfliessen"(garâru) und „durchbohren, durchschneiden"(ḫalâlu), daher dann auch „zertheilen, Theil"(râzu, zittum)¹, so muss es die Grundbed. „Pfeil" gehabt haben, wie denn schon Oppert, obwohl ihm noch nicht alles hier für ḫal Bemerkte bekannt war, in ⋈ (auch ⟶, ⟶ geschrieben) die rohe Darstellung eines Pfeiles erkannte. Schon die Sumerier nannten und schrieben also den Tigrisstrom ḫal-ḫal-la als den „pfeilschnellen", wie sie auch die Hindin, diesen „Ausbund der Schnelligkeit," dara-ḫalḫalla schrieben und nannten(s. HWB 460f.). Indem die Schrifterfinder den Dolch ⧫— schrieben, bezeichneten sie ihn als Waffe, deren „Spitze durchbohrt, durchschneidet", oder aber als Waffe, deren „Spitze pfeilschnell" in das Herz des Feindes sich senkt.²

Die gunierte Form des Zeichens gír, welche späterhin, wie z. B. IV R 35 Nr. 6 Col. I 16 lehrt, mit der einfachen Form promiscue gebraucht wurde, dürfte aber noch einem andern Zeichen zu Grunde liegen, nämlich

---

1) Ferner „entscheiden" u. s. w. S. für all dies 83, 1-18, 1332 Col. I. — Sollte für asam. 𒅗 (=garrâ), „Pfeil" 772 „rasch dahinfliegen" als Radix anzunehmen sein?
2) Das Zeichen ⋈— ist bekanntlich auch in 𒄄 „Rinnsal (sum. gur d. i. Lauf,

§ 10. *Neue Gunu-Zeichen:* ⟨sign⟩.

dem Zeichen für „mit dem Dolch hantieren" d.i. „schlachten" (*šum-tabâḫu*), „schlagen, *ferire*" (*tag-maḫâsu*), neuassyr. ⟨sign⟩, altassyr. ⟨sign⟩ (IV R 39, 23 b), altbabyl. ⟨sign⟩, bei Gudea ⟨sign⟩, wozu ich mit Hinzufügung einer einzigen Linie, deren Wegfall sich durch das vorgesetzte ⟨sign⟩ leicht genug erklärt, als Grundform ⟨sign⟩ annehmen möchte, dies ist aber guniertes *gír* „Dolch, Schwert" + vorgetretenes ⟨sign⟩. Was will dieses ⟨sign⟩, welches ja nicht etwa mit ⟨sign⟩ d.i. *ni* verwechselt werden darf? Wir sahen oben, daß *ad* „Vater" archaisch ⟨sign⟩ oder ⟨sign⟩ geschrieben wird (S. 58), daraus folgt, da das dem Ideogr. für „Vater" zu Grunde liegende Zeichen ⟨sign⟩ (*ab*) ist, daß ⟨sign⟩ bez. ⟨sign⟩ nur andere Schreibungen sind für ⟨sign⟩, dies ist aber, wenn es allein steht, das Ideogr. für „Baum, Holz, hölzernes Geräth, Geräth überh.", neuassyr. ⟨sign⟩. Und wenn wir uns nun weiter erinnern, daß z. B. *šakâsum* „schlagen, erschlagen" etc. ⟨sign⟩ ⟨sign⟩ (⟨sign⟩), ⟨sign⟩ ⟨sign⟩ geschrieben wird, also mit dem Zeichen für das eigentliche Verbum, aber mit vorgefügtem ⟨sign⟩, arch. ⟨sign⟩, d.i. „Werkzeug", so dürfte wohl klar sein, daß das Schrift-

---

Wasserlauf"), eig. Wasserlauf-Umschließung enthalten. Auch den „Ozean" (*apsû*) bed. dieses ⟨sign⟩ *gur* (*gur-ra*, auch *ê-gur-ra*; vgl. *ê-a*). Und ⟨sign⟩ d.i. *Wasser des Rinnsels*, eingeufertes Wasser ist das gewöhnliche Ideogr. für „Strom, Fluß, Kanal" (*id-nâru*).

78 Kap. II. Die unbenannten Zeichen: [X], [X], [X], [X].

Zeichen für „schlachten, schlagen, verwunden" im letzten Grunde nichts weiter ist als ein Kompositum aus [X] und guniertem [X]. Nun begreift sich auch, warum [X] bez. [X] [X] (in K. 4335 Col. III 34 ff. durch dâku, huppû, huššulu übersetzt) ganz die nämlichen Bedeutungen aufweist wie [X] (s. §b 206: kum — hašâlu) und das aus diesem hervorgegangene [X] (s. §b 207 f.: gaz(a) — dâku, hipû): [X], altbabyl.-archaisch [X] (vgl. [X] = [X]) ist eben nichts weiter als [X] mit vorgefügtem [X].

Daß [X] „Königin, Herrin" nur die Gunu-Form des gleichfalls „Herr, Herrin" etc. bedeutenden einfachen [X] ist, bedarf keiner näheren Ausführung, desgleichen mögen die beiden Zeichen für „wenden, zurückwenden, sich wenden, zurückkehren", [X] und das gunierte [X]², arch. [X] (z. B. Pennsylv. II Nr. 110), [X] u. ä.³, nur im Vorbeigehen erwähnt werden. Wichtiger erscheinen die folgenden Betrachtungen.

Eine außerordentlich dankenswerthe Variante des neubabyl. Zei-

---
1) Daß der tâbiku und der nâš patri eins sind, ist bekannt.
2) Vgl. [X] [X] [X] Höllenf. Obv. 63. Rev. 6, dagegen [X] [X] [X] Obv. 41.
3) Auch mit fünf wagrechten Linien vorn geschrieben, s. Amiaud Nr. 116.

§ 10. Neue Gunu-Zeichen: 〈cuneiform〉.

chens für „Monat, Mond": 〈cuneiform〉, 〈cuneiform〉 (altbabyl. 〈cuneiform〉) bietet das neubabyl. 5^b. Fragment F.1, nämlich

〈cuneiform〉.

Um gleich die neubabylonischen Zeichenformen, wie sie F.1 darbietet, statt der neuassyrischen zu gebrauchen, so läfst 5^b 86 ff. unmittelbar auf einander folgen:

1) 〈cuneiform〉 und 2) 〈cuneiform〉
„Mond, Monat (itu – arḫu)   „Neumond"(itu – ṣit arḫu)
3) 〈cuneiform〉 und 4) 〈cuneiform〉.

Nichts kann klarer sein als dafs wir in den beiden letzteren Zeichen zwei unter sich nächstverwandte Gunu-Zeichen vor uns haben, welche, wie dies ja auch sonst schon bemerkt wurde, in 5^b direkt an die entsprechenden einfachen Zeichen angeschlossen sind. Was zunächst N. 3 anlangt, so ist dieses augenfällig genug das um vier Keile vermehrte, also gunierte, der Bedeutung nach potenzierte Zeichen Nr. 1. Der „grofse Monat" oder aber – denn iti̯, arḫu wird auch für den „Mond" selbst gebraucht, s. IV R 32 Col. II 2' – der „grofse Mond" kann aber nichts weiter sein als der Vollmond, der mit der Monatsmitte eins ist.

---
¹) Enūma arḫu agâ tašrihti našû; arḫu hier = ilu Sin (Z.g). Ebenso urtheilt

Kap. II. Die unbekannten Zeichen: 𒌗.

Das Zeichen Nr. 3 (neuassyr. 𒌗) brachte also, wie es selbst uns lehrt, ursprünglich die „Mitte des Monats" zum graphischen Ausdruck und wurde dann für „Mitte" überh. (muruṣ - qablu) gebraucht. Sehe ich übrigens recht, so ist es sehr möglich, daß S^b selbst das Zeichen Nr. 3 auch durch „Vollmond" wiedergiebt. Die Z. 88 erklärt es durch muru(ṣ) - qablu „Mitte", Z. 89 durch nisag - niḳû Var. nisaḳḳu. Sollte sich nicht die althergebrachte, auch noch in HWB verzeichnete Annahme, daß niḳû das bekannte Wort für „Opfer" sei, als ein Irrthum erweisen? Nie und nirgends bed. ja 𒌗 in der weiten babylonisch-assyrischen Litteratur, vor allem in den Ritualtexten, auch nur ein einziges Mal „Opfer", wofür bekanntlich 𒉩 in Gebrauch ist! Die babyl. Originalwörterbücher kennen aber noch ein anderes niḳû, welches „hell, glänzend" bedeutet und z.B. in K.4196 als Synonym von ellu, ebbu, namru genannt ist. Es scheint mir daher sehr beherzigenswerth, ob nicht das niḳû von S^b 89 den „Vollmond" als den

Jensen, Kosmologie P. 103.
1) Die HWB 479b u. הפן II 1 citierte und ganz vereinzelte Stelle V R 52, an welcher 𒌗 für naḳû „ausgießen" gebraucht ist, kann nicht ins Gewicht fallen; denn erstens liegt es sehr nahe, wie bereits HWB 479 f. bemerkt wurde, eine ungenaue Schreibung statt 𒌗 anzunehmen, und sodann könnte diese Ideogramm-Verwendung auf

§ 10. Neue Gunu-Zeichen: [sign] und [sign].   81

„hellen, glänzenden" bedeutet — das sumer. ni-sag d.i. „voll-köpfig", in das Semitische als *nisakku* übergegangen, würde sich zu dieser Bedeutung sehr gut fügen. Sei dem übrigens wie ihm wolle, soviel steht fest, daß das Syllabar S^b auf „Monat, Mond" und „Neumond" die „Mitte des Monats" folgen läßt und daß die Schrifterfinder die „Mitte des Monats" graphisch mit „großer" d.i. voller „Mond" bezeichneten. Für die archaische Schrift ist bislang meines Wissens weder das Zeichen für „Monat" noch das für „Mitte" erweislich, jedoch werden wir kaum irregehen, wenn wir auf Grund unserer sich hier sofort anschließenden Untersuchung die folgende Übersicht aufstellen:

arch. [sign] oder [sign], neubab. [sign], neuass. [sign] „Monat",

arch. [sign] oder [sign], neubab. [sign], neuass. [sign] „Vollmond".

Gehen wir nun zu Nr. 4 der oben genannten Zeichen über, so sind wir so glücklich, die archaische Form des Zeichens ganz genau zu kennen. Das Zeichen, welches bekanntlich auch in der Mitte des Namens Gu-dé-a vorkommt, hat im Altbabylonisch-Archaischen diese

---

später irrtümlicher Verwendung des Ideogramms von *nikū* „Vollmond" beruhen. Daß *nisakku* nicht das „Trankopfer" bedeutet *sans*, wie man früher wohl dem hebr. [?] *jasak* angenommen hat, darüber ist jetzt kein Wort mehr zu verlieren.

Kap. II. Die unbenannten Zeichen: [cuneiform].

Form bez. Formen:

[cuneiform] (de Sarzec), [cuneiform] (IRS Nr. XXIII 1,4.2,5), arch. [cuneiform], noch älter (Pennsylv. II Nr. 86 Z.5) [cuneiform].

Wir begegnen hier zum ersten Mal einem "Zeichenmotiv", wenn ich so sagen darf, von welchem weiterhin noch öfters die Rede sein wird, nämlich der Liniengruppe [cuneiform]. Was sie bedeutet, wissen wir ganz genau: es bedarf ja nur eines Vergleiches des Ideogrammes für "Haus" (ê-bîtu) [cuneiform] mit jenem für "Thor" (ka-bâbu) [cuneiform], um zu erkennen, daß die Schrifterfinder mit der Liniengruppe [cuneiform] den Begriff "Weg, Zugang, Eingang (introitus)" verbanden. Wie sie dazu kamen, wird am Ende von § 12 gezeigt werden. Hier mag nur auf die Thatsache selbst hingewiesen sein und für unser in Rede stehendes Zeichen die Schlußfolgerung gezogen werden. Ein archaisches [cuneiform] kann unmöglich etwas anderes bezeichnet haben als "Eingang des Tages" (introitus diei) oder besser, da [cuneiform], [cuneiform] nicht nur "Tag", sondern auch "Zeit" überhaupt bedeutet und der Zusammenhang des Syllabars (Tag, Monat, Neumond, Monatsmitte) auf einen allgemeineren Begriff führt, "Eingang der Zeit" (introitus temporis) d. i. "Zeitan-

§. 10. Neue Gunu-Zeichen: [cuneiform]. 83

fang", das womit die Zeit und die Zeitberechnung beginnt, und nicht minder folgerichtig kann ein archaisches [cuneiform] nichts anderes bedeutet haben als „großer Zeitanfang, großer Zeitbeginner, Hauptzeitbeginner", das womit recht eigentlich die Zeit und ihre Berechnung beginnt — dies ist aber bei den Völkern weit und breit die Neumondsichel. Und sehen wir uns unter den Wörtern um, mit welchen S^b unser Zeichen erklärt, so erkennen wir sofort nappaḫu als den semitisch-babylonischen Namen der „Neumondsichel": nappaḫu (Form wie Nannaru) von napâḫu „glänzend aufgehen, leuchtend hervortreten, aufleuchten"(s. HWB 474). Daß die semitischen Babylonier das nämliche Zeichen auch für ein ganz anderes, homonymes nappaḫu, nämlich für nappaḫu „Schmied" verwenden konnten und verwendeten, bedarf nicht weiterer Ausführung — dies hat ja Hunderte von Analogieen². Das nappaḫu von S^b 92 aber bedeutet nicht den „Schmied", schon deßhalb nicht, weil im Sumerischen der „Schmied" weder si noch

---

1) Ein anderes und gewöhnlicheres Wort für die „Neumondsichel" ist agrâru (s. HWB 717 f.), dessen Ideogr. UD.ŠAR genau wie nappaḫu „glänzend aufgehend"(ša sisu namrat) bedeutet.

2) Beiläufig bemerkt, bed. auch nappaḫu (von napâḫu „entflammen, anfachen") mitsamt seinem Ideogr. amêl [cuneiform] nicht bloß den „Schmied", sondern auch den, der bei

84 Kap. II. Die unbenannten Zeichen: ⟦☱⟧ nebst ⟦☰⟧.

sîmug heißt (sein sumerischer Name ist gemäß dem Berl. Vok. V.A.Th. 244 Col. I 17 sulug-lal, wohl auch agal, s. II R 58, 58). Vielmehr bestätigt gerade das sumerische sî bez. sîmug für nappaḫu die Bed. „Neumondsichel". Was die Sumerier graphisch als „großer Zeitbeginner" charakterisierten und die Semiten nappaḫu nannten, nannten die Sumerier selbst theils sî d.i. „Horn" theils – und zwar genauer – sîmug d.i. „eingeengtes, zusammengepreßtes, schmales Horn"; ein solches schmales Horn ist aber ☽, die Neumondsichel.

„Eingeengtes, schmales" Horn – das giebt zu denken. Wenn die Neumondsichel ☽ ein „schmales" Horn ist, dann galt wohl als das eigentliche „Horn" die immer voller werdende Mondsichel, der Mond in seiner zunehmenden, dem „ersten Viertel" zustrebenden Entwickelung, mit Einem Worte, der zunehmende Mond ☽ ? Ja freilich that er das! Die alten Sumerier sahen in dem zunehmenden Monde ein Horn und schrieben deßhalb nicht allein „Horn" mit dem Bilde des

---

den Räucheropfern die Kohlenbecken anzündet, also etwa den suffitor; s. Str. V. 126, 6.
 1) Die Annahme, daß die Var. si-mu-ug neben si-i für das Zeichen i den Syllabenwerth mug folgen lasse, wird jetzt getrost aufgegeben werden können: nirgends konnte Bildung i mit dem Syllabenwerthe mug entdeckt werden. Die Var. si-mu-ug verhält sich vielmehr zu si-i wie die Var. sit arḫu zu arḫu §ᵇ 87 – das neubabylonische

§. 10. Die beiden „Mondzeichen" 𒋛 und 𒋛𒀀.

zunehmenden Mondes), welches bei ihnen in Ermangelung gebogener Linien (s. oben S. 37) die Form ⌐, z. B. Pennsylv. II Nr. 87 Col. I 15, annehmen mußte, sondern nannten „Horn" auch *si* als „zunehmendes", voller und voller werdendes, denn die Grundbedeutung des sumer. *si* ist ja eben „zunehmen, sich füllen" (auch trans. „füllen"); s. hierfür das bereits oben S 67 zu *si* (*sî*), ⌐ neuassyr. 𒋛, und seinem Gunu-Zeichen 𒋛, neuassyr. 𒋛𒀀, Bemerke und beachte hier noch weiter, daß die Sumerier mittelst Vereinigung von *si* (*sî*) und dem wurzelerweiternden *a* ein neues Zeichen, 𒋛𒀀, bildeten, welches ebenfalls „zunehmen" (*dirig, diri* — *atâru* רתי, s. HWB) bedeutet.¹

Aber noch nicht sind wir am Ziele. Wenn die Sumerier bei der bewunderungswürdigen Erfindung ihrer Schriftzeichen Sonne, Stern und zunehmenden Mond verwertheten, für ihre in Thon zu grabende Schrift den von höherer Hand und mit leuchtender Schrift an das Himmelszelt befestigten Zeichen nachtastend, so dürften sie

---

Exemplar von S^b erweist sich als genauer denn die neuassyrische Kopie.
1) S^b 178 f. schließt 𒋛𒀀 unmittelbar an 𒋛 (Z. 177) an. Für die Gewinnung neuer Schriftzeichen mittelst Anfügung von 𒀀 vergleiche — außer 𒋛𒀀, 𒋛𒀀, vielleicht auch 𒀀𒀀 — vor allem 𒀀𒋛 sowie das in §20 zu besprechende Zeichen 𒀀𒋛. — Für das mit 𒋛 gebildete Zeichen *za*, 𒋛𒀀, s. §18. — Während die Sumerier (um diese Bemerkung gleich

sich wohl gewiss auch das Bild des _abnehmenden Mondes_ nicht haben entgehen lassen, mit welchem sich so leicht die Begriffe „abnehmen, schwinden, weichen, zurückkehren" symbolisch bezeichnen liessen. Es kann dies als _a priori_ äusserst wahrscheinlich betrachtet werden — es bewährt sich auch bei näherem Zusehen. Es giebt wohl keinen Assyriologen, der sich nicht, als er anfing die Keilschriftzeichen sich einzuprägen, die beiden Zeichen ⟨Horn⟩ „Horn" (_sî-karnu_) und ⟨gur⟩ „sich wenden, zurückkehren" (_gur-târu_) mit einander eingelernt hätte — die grosse Ähnlichkeit und doch dabei scharfe Unterschiedenheit beider Zeichen war — unbewusst — hierzu die Veranlassung. Wie aber noch im Neuassyrischen ⟨Horn⟩ und ⟨gur⟩ trotz aller Ähnlichkeit in entschiedenem Gegensatze ihrer äusseren Form stehen, so gingen sie sicher schon aus der Hand der Schrifterfinder als zwei gegensätzliche Pendants hervor: zunehmender Mond — zunehmen, voll werden, abnehmender Mond — abnehmen, weichen, zurückkehren. Nur waren die sumerischen Schriftbildner, da sie gebogene Linien grund-

---

hier anzuschliessen) in der Mondsichel, wie im zunehmenden Mond, Ein Horn sahen, spricht der Lateiner von den _cornua lunae_ (den Spitzen der Mondsichel). Bei den semitischen Babyloniern schwankte die Vorstellungsweise.

§ 10. Die beiden Zeichen ⊟ und ⊠ (⊠). 87

sätzlich mieden, in einer verzwickten Lage, insofern sie ja auch das Bild des abnehmenden Mondes kaum anders als mit ☐, viell. ☐ graphisch wiedergeben konnten. In dieser Notlage griffen sie zu einem Mittel, welches wir im Laufe dieser Untersuchung wiederholt zu konstatieren haben werden, nämlich zur Zeichendifferenzierung. Wir kennen das archaische Zeichen gur (⊟) noch nicht, aber aus den altbabylonischen Formen ⊞, ⊡ (z. B. Gudea-B, II 63) dürfen wir auf eine archaische Form wie etwa ☐ zurückschließen, ein Zeichen, welches meines Erachtens ebensowohl seine Verwandtschaft mit als seine absichtliche Differenzierung von ☐ klar erkennbar zur Schau stellt.

Ein ganz analoger Fall absichtlicher Differenzierung liegt vor bei dem Zeichen ⊠, ⊠ d. i. šig, welches, im Gegensatz von ⊠ elû „hoch oder oben sein" (sum. num), „unten sein, niedrig sein oder werden (šapâlu), nach unten gehen" und weiter „schwach sein oder werden" (enêšu) bedeutet.² Auf den ersten Blick möchte man vermu-

---

1) Die Verlängerung der beiden wagrechten Linien nach links erinnert an die altbabyl. Schreibung des archaischen ⊟ „Holz, Baum" als ⊞ (s. oben S. 77f.).
2) Siehe VR 42, 43. 44 c. d: ⊟ NUM = ši-tan, ⊟ ⊠ = ši-la-an, u. a. St. m.

Kap. II. Die unbekannten Zeichen: 𒆳 (𒆕).

then, daß das Zeichen 𒆕 das gedoppelte 𒅗, arch. ⌊, ⌞ sei, dessen Grundbed. deprimere ist (s. oben S. 54 und vgl. 𒅗 und 𒆕, beide = katâmu). Allein dies wäre ein Irrthum. Es kann zwar nicht geläugnet werden, daß es ein durch Doppelung von 𒅗 entstandenes 𒆕 wirklich gab (Name: šū-šāru-minnabi, s. V R 29, 17 g), noch weniger, daß in der neuassyrischen Schrift 𒆳 und 𒆕 oft mit einander verwechselt werden, wozu ihrer beider gemeinsame Aussprache sig das Ihrige beigetragen haben mag, allein ein Doppeltes ist dabei stets festzuhalten: einmal, daß sogar noch die assyrischen Gelehrten 𒆕 und 𒆳 trotz ihres gemeinsamen Namens sikku als zwei verschiedene Zeichen kannten (s. Š^{a}s Col. V 10 f.), sodann, daß unser in Rede stehendes 𒆳 opp. 𒌋 unmöglich gedoppeltes 𒅗, ⌊ sein kann, dieweil die altbabyl. Zeichenform von 𒆳 diese ist: ⟨⟩ (Gudea-B, V 26), ⟨⟩. Die Vaseninschrift des Königs Lugal-zaggisi d.i. Pennsylv. II Nr. 87 läßt uns, wie mir scheint, auch für dieses Zeichen das Richtige erkennen, indem sie zugleich von neuem lehrt, um wie viel älter so manches Zeichen dieser ältesten Texte aus Nippur ist als das entsprechende der Gudea-Statuen. Denn indem dort 𒆳, unten befind-

§ 10. Das Zeichen der niedergehenden Sonne: 𒌓. 89

lich" (*inferior*) opp. ⟨𒌓⟩, arch. 𒌓 „oben befindlich" (*superior*) geschrieben wird ◇ (Col. II 5), wird uns offenbar, daß man im Gegensatz zur aufgehenden, hell und immer heller strahlenden Sonne ◇ (ibid. Z. 2. 7 u. o.) mit ◇ die sich zum Untergang neigende, in Licht und Wärme schwächer und schwächer werdende Nachmittags- und Abendsonne zur Darstellung brachte und mit diesem differenzierten „Sonnenzeichen" sinnig die Begriffe des Niedergangs und des Schwachwerdens verknüpfte¹.

Doch wir kehren zum Ausgangspunkt dieser excursweisen Untersuchung zurück, glücklich, mit Hülfe der Gunierung nicht nur den Zeichen 𒈹 und 𒈺, sondern zugleich den Zeichen 𒌓, 𒌋 und 𒌓 bezüglich ihres Ursprungs auf die Spur gekommen zu sein. Bewähren sich, wie ich hoffe, meine Resultate, so hätten wir innerhalb der babylonischen Schrift die folgenden „Sonnen- und Mondzeichen", wie ich sie, bekannten Mustern folgend, kurz nennen möchte: ◇ (= 𒌓) Sonne, spez. aufgehende Sonne, ◇ (= 𒌓)

---

1) Da der Kreis nicht nur die Sonnenscheibe, die Sonne (◇ bez. ◇) bezeichnete, sondern auch, seiner nächsten Bedeutung entsprechend, zur graphischen Darstellung der Begriffe „Umkreis, Umfang, Gesamtumfang, Gesamtmenge" (vgl. assyr. *sihirtu*)

zum Untergang sich neigende Sonne, ⟨sign⟩ (= ⟨sign⟩) Monat, Mond, ⟨sign⟩[1] (= ⟨sign⟩) Neumond, ⟨sign⟩ (= ⟨sign⟩) Vollmond, Mitte des Monats, ⟨sign⟩ (= ⟨sign⟩) Neumondsichel, ⟨sign⟩ (= ⟨sign⟩) zunehmender Mond, ⟨sign⟩ (= ⟨sign⟩) abnehmender Mond.[2]

Das Syllabar S^b1 unterscheidet ein doppeltes Zeichen ⟨sign⟩: ein zur ⟨sign⟩-Gruppe gestelltes (III g) und ein direkt an ⟨sign⟩ angeschlossenes (IV g); das erstere erklärt es durch dul-katâmu, das letztere durch sumer. dū, dessen semitische Äquivalente nicht bloß tilu (so S^b1), sondern gemäß S^c 25 ff. weiter auch šubtu, ašâbu, sukku u.a.m. sind. Von dem ersteren, welches „bedecken, überwältigen" bedeutet, aus ⟨(⟨)+ku zusammengesetzt ist und einzig und allein den Namen gišpu-tukullâku (S^c 25) beanspruchen kann, wird in §17 die Rede sein; dagegen gehört das andere ⟨sign⟩, welches „Raum, Wohnraum"

und dann „Menge, Masse, Schaar" u.s.w. diente, so war noch eine zweite Zeichendifferenzierung unerläßlich. Zwar bei Lugal-zaggisi hat der Kreis auch in dieser seiner letzteren Anwendung (sum. ḫe, šár) die Form ⟨sign⟩ (s. III 21), aber schon zu Gudea's Zeit ist die Differenzierung von ⟨sign⟩ (d.i. ⟨sign⟩) und ⟨sign⟩ (d.i. ⟨sign⟩) längst durchgeführt und sanctioniert. Die Annahme Hommels, daß ⟨sign⟩, ⟨sign⟩ den „Kreis" repräsentiere, ist leicht genug als irrig zu beweisen.

1) Noch unbelegt, jedoch auf Grund des neubabyl. und neuassyr. Zeichens mit grosser Wahrscheinlichkeit vorauszusetzen. Beachte ⟨sign⟩ neben ⟨sign⟩.
2) Dazu kommen dann noch die sekundären Zeichen ⟨sign⟩ und ⟨sign⟩. Beiläufig be-

§10. Neue Gunu-Zeichen: 𒆠 (nebst 𒀸).

Bedeutet und besonders häufig in den beiden Zeichengruppen 𒆠 𒀸 und 𒆠 𒁺 vorkommt, hierher in diesen §10, weil es sich ebenfalls als ein Gunu-Zeichen entpuppt. Macht schon die enge Zusammenordnung von 𒀸 und 𒆠 in §ᵇ1(II 8f.) es sehr wahrscheinlich, daß 𒆠 guniertes 𒀸 ist, so lassen die altbabylonischen Zeichenformen 𒆠, 𒆠 (Neb. V12. II 54, beidemal in Verbindung mit 𒀸), 𒆠 und 𒆠 (Gudea-A, III 1. B, V 36. VI 35. 44. 54, hier überall in Verbindung mit 𒁺) keinen Zweifel darüber, daß dieses zweite 𒆠 mit der Bed. „Raum, Wohnraum" oder noch genauer „weiter Raum, großer Wohnraum"¹ nur die Gunu-Form von 𒂍 (neuassyr. 𒀸) ist, jenem Zeichen, welches bekanntlich in dem Ideogramm für „Hof, Vorhof" (tur - tarbaṣu), neuassyr. 𒌉𒀸 (§ᵇ133), neubabyl. 𒌉𒂍, altbabyl. 𒌉𒂍, 𒌉𒂍, enthalten ist, den „Hof, Vorhof" als „groß"(𒌉) an Raum (𒀸)", ge-

---

merkt, giebt es neben 𒁹𒀸 auch ein Zeichen 𒁹𒀸, welch letzteres ganz wie 𒁹𒀸 den Lautwert das hat. Es dürfte nach Analogie von 𒁹𒀸 als guniertes 𒀸 zu fassen sein. §ᵃ IV 7 reiht es hinter 𒀸 (Z. 5) und 𒀸 (Z. 6) ein.

1) Daß dem Zeichen 𒆠 ursprünglich die ganz allgemeine Bed. „Raum, weiter Raum" (dann erst speziell „Wohnraum") eignet, lehrt nicht nur die Bed. von 𒀸, welche in 𒌉𒀸 klar zu Tage liegt, sondern auch die Zeichenverbindung bez. das Verbum 𒆠 𒁺 (vgl. 𒀸 𒁺, 𒉌 𒁺), welches ebensowohl hinaufgehen als hinabgehen (s. II R 3, ⁹/₁₀ b. 6, ¹²/₁₃ b.), trans. „holen, herbeischaffen" (so oft bei Gudea) bedeutet und ebendadurch für 𒆠 eine etwa dem lat. *spatium* (wovon *spatiari*) entsprechende

räumig, *spatiosus*" bezeichnend. Dieses Zeichen ⟨TT¹, altbab. ⟨T, arch. (vorauszusetzen) ⟨ ist nun aber in sich selbst sehr lehrreich. Da es in dem Vokabular 82, 8–16, 1 Col. I 20 den nämlichen Namen *lagabbu* hat, welcher sonst recht eigentlich dem Zeichen □ eignet, und da die Bedd. „Raum" (⟨) und „Umschließung, umschloßener Raum" (□) nächstverwandt sind, so scheint mir klar zu sein, daß ⟨ nur eine Variierung des Grundzeichens □ ist.² Auch diesem Begriff der Zeichenvariierung werden wir – gleich jenem der Zeichendifferenzierung (s. S. 87 ff.)³ – weiterhin noch öfters begegnen, doch dürfte es angebracht sein, auch für diese „Zeichenvariierung" schon hier gleich ein zweites Beispiel zu nennen.

Das Bild des „männlichen Gliedes" (*uš – ridû*) diente den Schrifterfindern zur symbolischen Bezeichnung der Begriffe „männlich, Mann, Diener, Knecht" (*niṭa(ḫ) – zikaru, ardu*). Das eigentliche,

möglichst allgemeine Bedeutung fordert (vgl. unser „in die weite Welt gehen").
1) Auch ⟨TT geschrieben, wie sich neben ⟨T⊒ auch ⟨T⊒T findet (z. B. 82, 8–16, 1 Col. I 20, u. o.). V R 39, neubabyl. Col. I 3 lesen wir ⟨⊒ = ⟨T.
2) Das gleiche „Motiv" für Raum, Wohnraum erkenne ich auch in dem Zeichen ⊏⊐ (d. i. ⊏⊒). Wie ⊏⊐ zu ⊏⊒, so verhält sich ⟨ zu ⟨.
3) Im letzten Grunde ist die Zeichenvariierung natürlich eins mit der Zeichendifferenzierung; denn daß die Schrifterfinder auch mit der Variierung d. i.

§10. Die Zeichen 〈sign〉, 〈sign〉, 〈sign〉. 93

ursprüngliche Zeichen ist 〈sign〉 (gedacht wohl als 〈sign〉), doch findet sich daneben schon sehr frühzeitig die Zeichenvariante (bei Gudea z. B.) 〈sign〉, welche auf archaisches 〈sign〉 rückschliessen läßt. Beide Zeichen, das Bild des *penis* und dieses „variierte" Zeichen, sind eins, das letztere unterscheidet sich vom ersteren nur dadurch, daß die beiden wagrechten Parallellinien in schräger Richtung einander zugeneigt wurden, wodurch sich dann behufs Herstellung der Verbindung mit der Schlußlinie | jene von mir durchbrochen geschriebene Hülfslinie vernothwendigte. Ganz der nämliche Fall liegt vor bei dem Verhältniß von 〈sign〉 (d. i. 〈sign〉 bei Gudea) zu arch. 〈sign〉 (Pennsylv. II Nr. 87 Col. II 9). Vgl. auch in §18 das zum Zeichen 〈sign〉 Bemerkte. Aus dem Zeichen 〈sign〉 „Mann" wurde dann weiter mit Einfügung des Ideogramms für „besiegen, gefangennehmen" (*kašâdu*), 〈sign〉, das Zeichen für „Knecht, Sklave" (*nita(h)-ardu*) gebildet: 〈sign〉 (neuassyr. 〈sign〉), das genaue Pendant zu 〈sign〉, neuassyr. 〈sign〉 „Magd, Sklavin" (*amtu*).

---

der leichten Umänderung einer Zeichenform einen bestimmten Zweck, nämlich den einer Unterscheidung verfolgten, ist mit Bestimmtheit anzunehmen, wenngleich uns die Art und Weise der Bedeutungsänderung noch nicht auszumachen ist.

Wie 〈cuneiform〉 in der Bed. _dû_ - _šubtu, ašâbu, sukku_ als gunirtes 〈cuneiform〉 erwiesen werden konnte, so giebt sich auch 〈cuneiform〉 von selbst als gunirtes 〈cuneiform〉, sobald wir diese beiden neuassyrischen Zeichen in das Altbabylonische, näher in die Zeichenformen Gudea's umschreiben: 〈cuneiform〉 und 〈cuneiform〉. Der Gunu-Charakter des ersteren Zeichens im Unterschiede vom letzteren liegt so klar zu Tage, daß wir auch trotz der scheinbar sehr verschiedenen Bedeutung beider Zeichen — das erstere Bed. „Seite, Grenze, Umfassung" (_zag_ – _pâtu_), das letztere „Vogelkäfig" (_sabura_ – _kuppu ša iṣṣurâte_) – keinen Augenblick daran zweifeln können. „Vogelkäfig" – wer erinnerte sich nicht dabei der Stelle Sanh. III 20 f., an welcher der König Sanherib sich rühmt, daß er den Hiskia von Juda in seiner Königsstadt Jerusalem „gleich einem Vogel des Käfigs" (_kîma iṣṣur kuppi_) eingesperrt habe? Das Bild, welches Sanherib hier gebraucht, war von uralters her den Babyloniern und Assyrern, wie es scheint, sehr geläufig, wie denn Vogelfang und Vogeleinsperrung und Vogelkäfig schon im Vorstellungskreis der alten sumerischen Schrifterfinder

---

1) Der Name _giṣṣu-tukullâxu_, welchen § 25 dem obigen 〈cuneiform〉 giebt, ist also falsch.

§ 10. Neue Gunu-Zeichen: [sign]. 95

eine ziemliche Rolle spielt. Das Ideogramm des „Vogelkäfigs", als dessen ältest erreichbare Form wir auf Grund der archaischen Zeichenformen von zag' etwa [sign], vielleicht auch [sign] anzunehmen haben werden, erinnert sofort an das allgemeine Motiv der Umschliefsung und Einschliefsung, welches, mannichfach variiert, in einer Menge von Zeichen, z. B. [sign] „Einschliefsung, umschliefsen", wiederkehrt (s. §§ 20. 23), und die Thatsache, dafs die Schriftbildner vom Zeichen [sign] aus mittelst Gunierung das Zeichen zag d. i. „Seite, Grenze" u. s. w. gewannen, lehrt deutlich, dafs sie mit jenem Ideogramm des Vogelkäfigs von Haus aus eine allgemeinere Bedeutung verknüpften. Und da man die Begriffe „Seite", „Himmelsgegend" u. dgl. in Sprache und Schrift mit Vorliebe durch die Epitheta „grofs" oder „weit" auszeichnete, so begreift sich, dafs man sich zur Prägung des Zeichens zag des Mittels der Gunierung bediente.

So könnten wir die Zeichengunierung als eines der Hauptmittel der babylonischen Schriftzeichenbildung noch an einer Anzahl an-

---

1) [sign], [sign], [sign], s. Pennsylv. II K. 87 Col. 13. 38 (an letzterer Stelle auch mit der Variante [sign]) — all diese Schreibungen erscheinen gegenüber der bei Gudea — ausnahmsweise — als minderwerthig. Die Hal-

derer und zum Theil recht interessanter Beispiele illustrieren, an altbabyl. 〈Zeichen〉 (Gudea-B, IV 17. VII 53 vgl. IV 3), arch. 〈Zeichen〉 (Pennsylv. II Nr. 87 Col. III 6) in seinem Verhältniß zu 〈Zeichen〉 (d. i. neuassyr. 〈Zeichen〉),¹ an dem variantenreichen archaischen 〈Zeichen〉, 〈Zeichen〉, 〈Zeichen〉, 〈Zeichen〉, 〈Zeichen〉, 〈Zeichen〉, u. s. w.; doch mag es einstweilen mit den vorstehenden Ausführungen sein Bewenden haben, um so mehr, als wir auf etliche Gunu-Zeichen wie z. B. 〈Zeichen〉, 〈Zeichen〉 und 〈Zeichen〉, 〈Zeichen〉 noch zu sprechen kommen werden. Archaische Schreibungen wie 〈Zeichen〉 (d. i. 〈Zeichen〉 „Feuer") lehren, daß man die vier Gunu-Linien auch mittelst einer Stützlinie zur Einheit zusammenschließen konnte, sowie daß diese Gunu-Linien in dem Grade als ein in sich selbständiges Accedenz zu den einfachen Zeichen gefühlt wurden, daß sie <u>getrennt</u> von den einfachen Zeichen geschrieben werden konnten — man war sich eben der ursprünglichen Bedeutung der vier Linien 〈Zeichen〉 oder |||| vollkommen bewußt. Diese mit den vier wag- oder senkrechten Linien verbundene Bedeutung der Potenzierung tritt besonders scharf bei drei

bierung der vertikalen Linien ist durch das innerzente Eindringen der Gunu-Linien in das Innere des Zeichens veranlaßt.
1) Beachte die Reihenfolge in S^b 270 ff.: 〈Zeichen〉, 〈Zeichen〉 (Neb. III 67!), 〈Zeichen〉.

§ 10. Die drei Zeichen für „groß": ⌑, ⫰, ⊟.

oder vier Zeichen hervor, mit welchen wir diesen Abschnitt über die Gunierung schließen und gleichsam besiegeln wollen — es sind die drei von den Schrifterfindern für den Begriff „groß" (wohl auch für „viel") geprägten Schriftzeichen ⌑, ⫰ und ⊟, altbabyl. ⌑, ⫰, ⊟, archaisch

⌑ , ⫰ , ⊟ .

Wie etwa das Englische eine Reihe von Wörtern für „groß", ein jedes mit seiner besonderen Bedeutungsnuance, besitzt (<u>great</u>, <u>large</u>, <u>tall</u> u. s. w.), so hatte auch das Sumerische mehrere Wörter, denen <u>gal</u> und <u>nun</u>, und die Schrifterfinder hielten es für angezeigt, für ein jedes von ihnen ein besonderes Zeichen zu bilden. So schufen sie obige drei Zeichen, welchen allen das Potenzierungsmotiv der vier Gunu-Linien gemeinsam ist. Ja die beiden ersten von ihnen, in welchen die Gunulinien mit ⊢ bez. ⊣ kombiniert sind, unterscheiden sich überhaupt, wie in § 18 gezeigt werden wird, durch gar nichts weiter als durch die verschiedene, dort wag-, hier senkrechte Stellung der Gunu-Linien. Was aber das dritte Zeichen betrifft, so steht eine doppelte Erklärung zur Verfügung: entweder

Kap. II. Die unbekannten Zeichen: 𒈛.

faßt man es als potenziert, "gesteigert" (�) an Umfang oder Volumen" (□), daher "voluminös, umfangreich, groß", oder aber man sieht in �, da schon das einfache □, neuassyr. ⟨□⟩, "voluminös, groß" u. dgl. bedeutet (rabû, kabru, kabbaru, kubâru u. a. m.; s. HWB), das gunierte, noch weiter gesteigerte Zeichen ⟨□⟩, □ ebendieser Bedeutung.[1] An all dem Gesagten ist ein Zweifel nicht möglich. Dagegen möchte ich einstweilen noch mit Vorbehalt die folgende Schlußbemerkung hier anfügen.

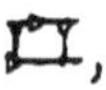

Das Zeichen neuassyr. 𒈛, neubabyl. 𒈛 u. ä., altbabyl. 𒈛, 𒈛 (Neb. I 38. II 18. IX 33), 𒈛, 𒈛 u. ä. (bei Gudea), archaisch (s. Pennsylv. II Nr. 87 Col. I 21)  𒈛 hat die beiden folgenden grundverschiedenen Bedeutungen: "waschen" (lah - misû) und "Bevollmächtigter, Machthaber, Minister u. dgl." (šukkal - sukallu, sum. auch luh). Die Frage erhebt sich: welche der beiden Bedeutungen wollten die Schrifterfinder mit jenem Zeichen zum graphischen Ausdruck bringen? und für welche von beiden wurde erst sekundär, etwa auf Grund von Homonymität, das Zeichen mit verwendet? Hilprecht

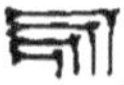

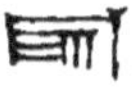

---

[1] S. weiter für dieses �, wechselnd mit �, §18.

§ 10. Neue Gunu-Zeichen: 𒃼 .

(l.c., p. 40 nebst p. 41 note 6) sieht in 〈cuneiform〉 (oder, wie er es sich vorstellt, in 〈cuneiform〉) das Bild von „water poured out"; dieses Bild sei dann sowohl für „waschen" gebraucht worden als auch für sux(k)allu oder „ the servant (gal) who pours out (su) [namely water over his master's hands and feet]". Es soll nun nicht geläugnet werden, daß es ein gedoppeltes ‖ (d.i. 〈sign〉) mit der Bed. „Wasser" und weiter auch vielleicht „ausgießen" gegeben haben könnte, obwohl die beiden andern von Hilprecht hierfür geltend gemachten Zeichenerklärungen nicht stichhalten (s. für zu, su § 15); es mag auch die Möglichkeit zugegeben werden, daß sukkallu ursprünglich den „Kämmerer" bedeutet und erst später eine allgemeinere Bedeutung angenommen habe — aber die von Hilprecht dem Zeichen 𒃼 gegebene und dem semitischen sukallu untergelegte sumerische Lesung su-gal (d.i. Gieße-Knecht) existiert nicht: Sᵃ III 14 und Sᵇ 77 bezeugen übereinstimmend, daß das sumerische Äquivalent von 𒃼 šu-ux-kal lautete d.i. „gewaltig an Macht, Inhaber gewaltiger Macht". Da nun Sᵇ (s. oben S. 47 f. Anm.) 𒃼 d.i. 〈cuneiform〉 unter andern gedoppel-

---
1) Ein solches sumerisches su „ausgießen" darf zwar nicht aus den Zeichen

ten Zeichen aufführt, so scheint es mir das Nächstliegende zu sein, in ≣||| das gedoppelte Potenzierungszeichen zu erblicken und „Machthaber, Bevollmächtigter" für die erste und ursprüngliche Bedeutung des Ideogramms zu halten. Wie § 18 zeigen wird, verdankt das bekannte Zeichen für „Herr" (en - bêlu) einer ganz analogen Kombination zweier gleichbedeutender Zeichen seinen Ursprung.

II. Zusammensetzung gleicher Zeichen.

§ 11.

Bildung neuer Zeichen
mittelst Zwei-, Drei- und Viermalsetzung des Grundzeichens.

Schon in Kap. I § 6 wurde daran erinnert, wie die Schrifterfinder durch Doppelsetzung eines und desselben Zeichens neue Zeichen schufen. Ebendieses Prinzip entdecken wir nun auch noch bei etlichen bis dahin für streng einheitlich angesehenen Zeichen, sobald wir diese bis zu ihrer letzten erreichbaren Form zurückführen.

zu, su gefolgert werden, aber ⟨⟩ (su) = zarâku, salâhu bezeugt es.

§11. Doppelsetzung eines Grundzeichens: 𒁕𒀀.

Das Zeichen 𒁕𒀀 daḫ bedeutet „hinzufügen" (uṣṣupu, ruddû). Daß es gedoppelt sei, lehrten bereits altassyrische und altbabylonische Schreibungen wie 〈Zeichen〉 (Šams. IV 28. 42) und 〈Zeichen〉 (v R 55, 46); völlig enthüllt aber wird sein Ursprung durch die entsprechende Zeichenform bei Gudea: 〈Zeichen〉 — es ist das gedoppelte 𒈬, auch 𒈬 mu, welchem unter andern auch die Bed. „geben" eignete: dare und noch einmal dare ist s.v.a. addere „hinzufügen". Auch dieses Zeichen für „hinzufügen" beruht also auf Doppelung, ebenso wie das andere Ideogramm für eṣêpu (s. HWB u. η5°), 𒐋, das gedoppelte Zahlwort „eins" ist. Sehr interessant ist die Schreibung von daḫ in Pennsylv. II Nr. 87 Col. III 21, nämlich 𒈬𒈬 (d.i. 𒈬 𒈬), Var. 𒀹.¹

Lange habe ich über den Ursprung von 𒌉 „klein" (turṣiḫru), dessen archaische Form 〈Zeichen〉 (〈Zeichen〉) die Doppelung noch offen zur Schau trägt, vergeblich nachgedacht, als es mir einfiel.

---

1) Eine Zusammensetzung mit daḫ ist bekanntlich 𒊺𒁕 „Helfer, Hülfe" (raṣû, nirarûtu), eig. Macht-Hinzufügung. Auch in dem gleichbedeutenden Ideogramm neuassyr. 𒉺𒇻, altassyr. 𒂊𒌋𒋫 (s. HWB 482 b) dürfte eine solche Kombination wie Heeres-Mehrung vorliegen, obwohl bis jetzt 𒁕, so vieles es sonst mit 𒁕 gemeinsam hat, gerade in der Bed. „hinzufügen" noch nicht weiter belegbar ist.

Kap. II. Die unbekannten Zeichen: 〈cuneiform〉, 〈cuneiform〉.

S^b zu befragen, welches ja auch sonst (s. §6) auf die einfachen Zeichenformen die gedoppelte, wo eine solche vorhanden ist, folgen läßt. Nun folgt in S^b 305 〈cuneiform〉 auf 〈cuneiform〉 Z. 304, dessen Grundbedeutung "schneiden, zerschneiden, abschneiden" ist und welches als älteste Zeichenformen diese aufweist: 〈sign〉, 〈sign〉. Sollte hiermit nicht das Räthsel gelöst, 〈sign〉 nicht als gedoppeltes 〈sign〉, urspr. 〈sign〉 erwiesen sein? Die Bed. "klein" würde hiernach auf "zerkleinert" zurückgehen.

In dem neuassyr. Zeichen 〈cuneiform〉 sind, wie wir dies auch sonst beobachten[1], zwei von Haus aus grundverschiedene Zeichen zusammengefallen. Insofern 〈cuneiform〉 das "Licht" bedeutet und die Werthe _laḫ_, _biṛ_ hat, ist es eine leichte Variierung von 〈cuneiform〉 (welches ja ebenfalls den Werth _laḫ_ hat) und geht mit diesem auf das Bild der Sonnenscheibe als ihrer beider gemeinsamen Ursprung zurück. Insofern es dagegen

---

Das babyl. Vokabular 83, 1–18, 1330 Col. III (s. Z. 4–24) schreibt _gaba – irtum_ "Brust", desgl. _tuḫ – paṭārum_ "spalten", _pidû_ (wohl = _piṭû_) _ša pî_, _eli_, _dubludu_ u. a. m. 〈cuneiform〉, dagegen _dû – labânu ša libitti_, _matû_ und _daḫâdu_, _du – kamârum ša šuripu_, _dû ša ili_, _nadû ša ti-tú_, _paṭārum_ u. a. m. 〈cuneiform〉. Von der hier bezeugten Bed. "voll sein, strotzen" (vgl. auch in §13 unsere Erklärung des Zeichens 〈cuneiform〉) ist allerdings zu "mehren, äugere" nur ein Schritt.

1) Auch die assyrischen Gelehrten waren über diese Doppelnatur gar mancher ihrer Schriftzeichen noch wohl unterrichtet. Daher unterscheidet bekanntlich der Verfasser von S^a ein 〈cuneiform〉 mit dem Namen _udû_ (Col. I 30–32) und ein 〈cuneiform〉 mit dem Namen

§ 11. Dreimalsetzung eines Grundzeichens : 🝈 .

den „Mann, Unterthan, Krieger" (*erim - sâbu*) bedeutet, ist es das gedoppelte 𒅇 (noch dunkler Grundbedeutung). Dies zu beweisen, kann zwar darauf hingewiesen werden, daß S^b 𒅇 und 𒀫 paart (Z. 295 f.), so recht *ad oculos* aber wird es demonstriert theils durch das Nebeneinander der altbabyl.-archaischen Zeichenformen 𒅇 (z. B. V R 56, 3. g) und 𒎙 (so in dem archaischen Zeichen für *tahâzu* „Schlacht", neuassyr. 𒎙) theils - und vor allem - durch das Ideogramm für „Volk" 𒉺, dessen Genesis in §15 dargelegt werden wird.²

Nach Art des in §6 besprochenen Zeichens für „Stern", welches aus Dreimalsetzung von ✳ hervorgegangen ist, möchte ich durch Dreimalsetzung des Grundzeichens ▷ „fett sein, strotzen" (*barû*),

dibbu (III 6), ein 𒀀 *šâru* (IV 19) und ein 𒀀 *mašû* (IV 25), desgleichen ein doppeltes ◁ (s. Col. V. II.), wie dies auch S^b (s. Z. 63. 222 f.) und S^c (s. Z. 160 ff. 214 ff.) thun. Nicht minder bringt der Verfasser von S^b ein 𒐊 im Anschluß an die 🁷 - Gruppe (*mes - edlu, kišib - ritum*, Z. 120 f.) und ein anderes im Anschluß an die 𒐊 - Gruppe (*šiti - menûtu, ag - idku, lag - kirbannu, pisan - pisannu, sangu - šangû*, Z. 239 ff.). Und wie S^b ein doppeltes 𒌋 kennt (s. oben S. 90 ff.), so wahrscheinlich auch ein doppeltes 𒄊 (s. III 10. V 9). Auch im neuassyr. 𒐊 sind mehrere ursprünglich verschiedene Zeichen zusammengefallen.

1) Schade, denn > bildete gleich <, bez. >, ⟨, ⏋, ⋁ ein sogen. „Grundmotiv" der Schriftbildner, und die Erkenntniß der Grundbed. dieser „Motive" ist naturgemäß von besonderer Wichtigkeit.
2) Mit 𒀫 „Mann, Krieger" zusammengesetzt ist 𒀫𒀀(𒄊) „Heer", eig. Krieger-Schaar. Auch 𒀫𒀀 in der Bed. „Nachkommenschaft" (*pir'u*) dürfte hierher gehören.

104   Kap. II. Die unbekannten Zeichen: ⊨, ⊨².

dann auch „Fett, Öl", jenes altbabylonisch-archaische Zeichen erklären, welches dem neuassyr. ⊨ „strotzende Fülle, Überfluß, Über-
schwang" (hé-šúku, duḫdu) entspricht und diese Formen aufweist:
⊨ (Gudea), ⊨ (Geierstele), ⊨ (⊨
u. a. Varr. m., Pennsylv. I Nr. 87 Col. III 18. 36).² Das dreifache, sinnig
in eins geschlungene ▷ scheint mir klar zu sein; was aber das
vorgefügte ⊏, ⊨; auch ⊨ (Pennsylv. Var.) betrifft, so möchte ich
im Hinblick auf seine Entwickelung zu ⊨ bei Gudea am liebsten
wieder annehmen (s. S. 77 f.), daß es das Ideogramm ⊨ d. i. ⊨
„Baum" darstellt, also daß die Schrifterfinder den Begriff des
höchsten Überschwanges und der üppigsten Fülle mit dem Zeichen
eines „über und über von Früchten strotzenden Baums" symbolisch zum Ausdruck brachten. Wie unzertrennlich für die Babylonier von uralters her die Begriffe „Fruchtertrag" und „äußerster
Überfluß" gewesen sind (vgl. auch inbu-unnubu), kommt in einem

---

1) An die Bed. „Öl" hat sich dann weiter, da Öl glänzt und glänzend macht, die
Bed. ṣal „glänzen" angeschlossen (vgl. 27 = ṣal S° 2, 15). Über den Ursprung des Zeichens ▷ s. eine Vermuthung in §24.
2) Beiläufig sei erwähnt, daß ⊨ (auch in ⊨) auf 83, 1-18, 1330 Col. I 1-6 geschrieben ist: ⊨.

§ 11. Viermalsetzung eines Grundzeichens: ⌞⚹⌟.

zweiten und sofort zu besprechenden Zeichen zu besonders charakteristischem Ausdruck.

Am Schluß von § 6 wurde erwähnt, daß sich vereinzelt auch Viermalsetzung eines Zeichens finde, so in der K. 4386 Col. IV 30 überlieferten Bezeichnungsweise des Himmelsgottes (s. oben S. 48). Zu dieser Art Zeichenbildung haben wir nun ein genaues Pendant in der VR 19 Nr. 3 uns mitgetheilten Grundform des Ideogramms für „Frucht, Fruchtertrag" (inbu), neuassyr. ⚹, ⚹, nämlich ✢. Die in mehrfacher Hinsicht interessante Vokabularangabe VR 19, 57—60 a. b lautet folgendermaßen:

57: (bu-zu e-di-im ⚹ |in- ¹   bu]
58:    M-na-bi igi-gub-bu-ú ² ✢   ⚹]
59:    gu-zi-iz ta-ab
60:    lam-mu-bi igi-gub-bu-ú) ²

Soweit ich die in sehr kleiner Schrift den beiden Hauptzeichen zugefügte „Glosse" verstehe, besagt sie, daß man diese kreuzförmige

___
1) Spuren des Zeichens in sind noch deutlich erkennbar. Meine Kollation des Fragments VR 19 Nr. 3 (³/X '96) ergab die völlig korrekte Wiedergabe obiger Zeilen in VR. Bei di-im (Z. 57) könnte man vielleicht vermuthen, daß es noch eine kleiner geschriebene, speziell zu ⚹ gehörige Glosse sei.
2) igi (⌞⌟)-gubbû d. i. sum. igi-gubla „gegenüber gestellt". Vgl. VR 37, 22 e, wo das auf ⌞ (geguru) folgende Zeichen ⌞⌟ die Zusatzbemerkung hat:

Kap. II. Die unbekannten Zeichen: [symbol].

Grundform des Zeichens für „Frucht" entweder als Doppelsetzung des und des (welches?) Zeichens oder aber als Viermalsetzung (viermalige - lammubi - Gegenüberstellung) des Zeichens [symbol] auffassen könne.¹⁾ Wenn, wie mir scheint, die letztere Erklärung die allein richtige ist (die nächstliegende ist sie jedenfalls), dann schrieben die sumerischen Schrifterfinder in ihrer mehr dem abstrakten Kombinieren als dem konkreten Anschauen und Abbilden zugekehrten Denkweise die „Frucht" als die vier-, ja achtfältige, wir würden sagen, als die „hundertfältige".

III. Zusammensetzung ungleicher Zeichen.

§ 12.

Erste Serie:

[symbols] , [symbol] , [symbol] , [symbol] , [symbol] , [symbol] , [symbol] .

Auf dem mit dem vorigen Abschnitt II betretenen Wege vorwärts schreitend, verfolgen wir das in §§ 7.8 besprochene Prinzip babylonischer Schriftzeichenbildung mittelst An- und Inein-

---

¹⁾ (d. i. gegenü) lammu-bi-i-gi-gub-bu-u. Giebt gurin (und dann auch buru) die sumerische Aussprache des Ideogramms wieder?; vgl. die Anm. zu S⁶ 65 in AL³.

†) Auch der Verfasser von S⁶ scheint sich über die Kompositionsweise des Zeichens

§ 12. Zusammensetzung ungleicher Zeichen: 〈cuneiform〉.   107

anderfügung ungleicher Zeichen konsequent weiter und konstatieren auf diese Weise eine Reihe der vermeintlich einheitlichsten Zeichen als – Komposita.

Wir beginnen mit einem Ideogramm, welches uns mit der ältesten Form eines für diese Untersuchungen besonders wichtigen Zeichens bekannt macht, nämlich dem für die „Mauer"(Bad-dûru). Es ist richtig, was Amiaud (l. c. zu Nr. 70) bemerkt, daß von den drei altbabyl.-archaischen Zeichen

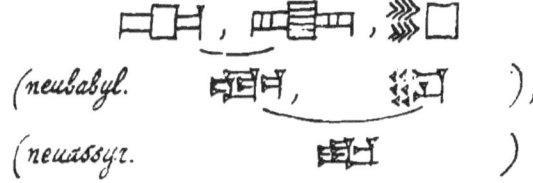

das erste bei Gudea speziell für „Fest"(izin-isinnu), das zweite für kir, das dritte für šar gebraucht wird, aber diese Beschränkung von 〈cun.〉 auf den Begriff „Fest", welcher seinerseits wiederum an sir = zamâru „singen, spielen" (83, 1-18, 1330 Col. IV 27) angeschlossen sein könnte¹, entspricht gewiß nicht dem Ursinn des Zeichens. Wie sich

---

〈cun.〉 nicht ganz klar gewesen zu sein: es steht §⁶ 65 mitteninne zwischen ⊣ (2.63) und 〈cun.〉 (2.64) einerseits, ⊢ und ⊨ andrerseits.

1) Mit sir = zamâru wird auch 〈cun.〉 (asilal-riâštum „Jauchzen") kompo-

108　　　　Kap. II. Die unbekannten Zeichen: ▭.

mit ▢ der Begriff „Umfassung, Umschließung" verknüpfte, so brachte auch das irgendwie komponierte ▭ unzweifelhaft ebendiesen oder einen allernächst verwandten Begriff ursprünglich zum graphischen Ausdruck. Es lehrt dies die altbabyl.-archaische Zeichenform für „Mauer", neuassyr. ▭, nämlich

▭

(z. B. I R 1 Nr. I 3. 2 Nr. II 3). Eine Mauer konnte kaum anders, zumal bei den Sumeriern, welche mit dem Begriff „umfassen, umschließen" besonders gern operieren, denn als „Umfassung, Um- und Abschließung" bezeichnet werden: Um- und Abschließung von 𓏤 →. Von 𓏤 als dem Zeichen für „Weg, Zugang" war bereits S. 82 die Rede (seine Erklärung s. am Ende dieses §), → aber, durch den Vergleich der altbabylonischen und neuassyrischen Zeichenform in dankenswerther Weise als die Urform von ⊲ d. i. *bad* erwiesen, bedeutet nach seiner gewöhnlichsten und ursprünglichsten Bedeutung „öffnen (*pitû*), offen, Öffnung" – die Mauer ist geschrieben als „Um- und Abschließung der Zugangsöffnung", als Schutzwehr wider das Öffnen eines Zugangs

niert sein; das Zeichen folgt §⁶ 351 auf ▭.

§ 12. Zusammensetzung ungleicher Zeichen: 𒁾, 𒅅.

(الفأ), nämlich seitens des Feindes.

Dieses Zeichen ⟶ *bad* spielt in der Bildung der babylonischen Schriftzeichen, wie wir nunmehr zeigen wollen, eine große Rolle, wobei *bad* zunächst in seiner Grundbed. „öffnen, Öffnung", dann aber auch in der hieraus entwickelten Bed. lösen, Auflösung i.S.v. „Zerstörung, Tod" zur Verwerthung kommt.

Das Zeichen für „lösen, auflösen" (*bur* - *pašâru*), neuass. 𒁾, hat bei Gudea diese Form: ⟶, das ist, wie man unschwer erkennt, ▱ + ⟶ (arch. ▱ + ⟶), „Festgebundenes, Geschnürtes (einen Knoten z.B.) öffnen"; s. für ▱ „festbinden, schnüren" oben S. 69. In S[b] schließt 𒁾 (Z. 172) die mit ⟶ d.i. ▱ beginnende Zeichenserie.

Der „Thürflügel" (*ig* - *daltu*), neuassyr. 𒅅, wird im ältesten Babylonisch geschrieben: ⊞ ⟶, ⊠ ⟶, ⊞⟶, ⊠⟶ u.ä., dies als „Fassung" oder „Füllung" (⊞, neuassyr. 𒅅) der „Thüröffnung". Das ist ja der Zweck und die Aufgabe der Thür d.h. des Thürflügels, die Öffnung zu „fassen", sie einzunehmen, zu

---

1) Vgl. für ⟶ „öffnen, eröffnen" auch 𒌓 „Neumond" (bereits in § 10 besprochen).

füllen und auf diese Weise, wenn nöthig, zu schließen. Ebendeshalb wird _daltu_ von den semitischen Babyloniern mit Recht die „Deckerin, Schließerin, Schützerin" (_kâtimtum_, _nâsirtum_, _sânixtum_ u. s. w., s. HWB 217) poetisch genannt. Das Zeichen ⊞ ist das nämliche Zeichen _dib_ „fassen, zusammenfassen"(⊞), welchem wir unten bei der Kopula ◁⊞² wieder begegnen werden und welches in der Schreibung ⊞ bereits S. 50 bei dem Ideogramm des „Hirten" erwähnt wurde.

Das „Schließen der Öffnung" und damit das Verhindern unbefugten Zutritts, feindlichen Eindringens bildete, wie die Zeichen für _dūru_ und _daltu_ übereinstimmend lehren, für die Schrifterfinder den Inbegriff des „Schützens" und „Schirmens". Dies lehrt auch noch ein drittes Zeichen, nämlich das Hauptideogramm für „schützen" (_uru - nasâru_), als dessen ältest erreichbare Form uns früheres nur ⟶, ⟶ u. ä. bekannt war, jetzt aber durch die Texte aus Nippur (s. Pennsylv. II Nr. 86. 87) △⟶, △⟶, △⟶, △⟶ und ⌒⟶ erschlossen worden ist. Wir haben hier eines der ver-

---

1) Die sumerische Vorstellung und Redensart erinnert an das semitisch-babylonische _batxa sabâtu_ „einen Riß fassen" d. i. mittelst Ausbesserung schließen.
2) Die in einer gewissen Gruppe der Nippur-Texte beliebte Schreibung der Kopula

§ 12. Zusammensetzung ungleicher Zeichen: ⟨⟩.

schwindend wenigen Zeichen, welche gebogene Linien aufweisen. Sollte es möglich sein, in dieser Urform des Zeichens etwas anderes zu erkennen als eine die Öffnung, den offenen Platz halbkreis- oder kreisförmig umschließende, doppelte Schutzwehr?

Das sumerische *bal* (neuassyr. ⟨⟩) weist eine große Mannichfaltigkeit der Bedeutungen auf, welche alle auf den Einen Grundbegriff zurückgehen: etwas Entgegenstehendes, den Zugang Verwehrendes öffnen, sich Eingang und Zutritt bahnen. Daher bedeutet es „in etw. einbrechen, eindringen (*nabalkutu*)", etw. (z. B. Thürflügel) „aufreißen, sprengen", „in ein Weib eindringen, *feminam inire*" (vgl. *pitû*), in die Erde mittelst „Grabens" eindringen u. s. w., es bedeutet auch als Subst. das den Weg mit Gewalt bahnende „Beil". Ich glaube nicht, daß irgendwelche Schrifterfinder dieses Wort *bal* sinnvoller und erschöpfender graphisch ausdrücken konnten als es die Sumerier mit dem Zeichen ⟨→⟩ (Gudea-C, IV. 17), ⟨↔⟩, —⟨↔ thaten, nämlich mittelst Zusammensetzung von ⟨— „Entgegenstehendes, Entgegentretendes" (*igi*) und → „öffnen". S. für *igi* (⟨⟩), urspr. als ⟨⟩ erinnert an die *litterae dilatabiles* des Hebräischen.

"Auge", dann „Antlitz" und weiter „Entgegentretendes, Gegenüberbefindliches" bereits oben S. 105 f. Anm. 2 und vergleiche den analogen Gebrauch von mahru und pânu (s. HWB 402. 530). Das Zeichen ⟶⟨⊦⟶ bildet hiernach graphisch den direkten Gegensatz von ⟨⊦⊞ d.i. „Gegenüberstehendes zusammenfassen", jenem Zeichen, mit welchem die sumerischen Schrifterfinder meines Erachtens sehr treffend den Begriff der Kopula „und" (ša-u) zur graphischen Darstellung brachten.

Die babylonische Schrift bezeichnet den „Asphalt", das „Erdpech" (sem. iddû) mit der Zeichengruppe 𒅎 𒂠. Das letztere Zeichen stellt sich dar als zusammengesetzt aus □ (◻) „Umfassung, Einfassung" und eingefügtem ⊢⊣ „Samen" (kul-zêru), aber daß man für eine wenn auch noch so unbeholfene Umschreibung des der Erde entquellenden Erdpechs den Begriff des Samens gebraucht habe, ist äußerst unwahrscheinlich. Das Zeichen ist anders aufzufassen. Wie die altbabyl. Zeichenform von kul-zêru: ⟨⊢⟩ lehrt, ist dieses eine Zusammensetzung aus ⟨ + ⟶. So hatte also das Ideogramm für „Erdpech" ursprünglich diese Gestalt: ‖ ⊕ — damit ist aber

¹) Vgl. 𒅎 𒂠 𒀭 𒅎 d.i. „hervorquellendes iddû" oder kupru.

§ 12. Zusammensetzung ungleicher Zeichen: ⟶⟨, 𝍢, ⟨⟶⟩.

alles klar. Der zweite Bestandtheil ⟨⊕⟩ darf nun nicht länger in ⟨□⟩ + ⟨⟷⟩, sondern muß in ⟨⟨⟩ + ⟶ zerlegt werden. Wie der Gebrauch des Ideogramms ⟶⟨ für „Quell" (na<u>b</u>u) lehrt, bedeutete <u>bad</u> auch „sich öffnen, sich aufthun" (sich erschließen, hervorkommen u. dgl.). Da nun, wie S. 54 erwähnt wurde, ⟨⟨⟩ eine eingefaßte Einsenkung, einen Brunnen, ein Bohrloch bezeichnet, so charakterisiert das in Rede stehende Ideogramm das „Erdpech" (urspr. „Erdöl"?) als „dem Bohrloch entquellende Flüßigkeit". Doch das alles ist Nebensache — die Hauptsache ist der Nachweis, daß wirklich auch ein vermeintlich so uneinheitliches Zeichen wie ⟶⟨ nur ein Kompositum ist und zwar abermals aus ⟶ nebst Einfügung von ⟨. Wie mögen die Schrifterfinder zu dieser Schreibung von „Samen" gekommen sein? Hier ist vor allem darauf hinzuweisen, daß das sumerische <u>kul</u>, ⟨⟷⟩ ebenso wie das assyrische <u>zêru</u> nicht sowohl das in die Erde gesenkte Samenkorn (<u>semen</u>), sondern vielmehr den jungen Anwuchs und dann die Saat (<u>seges</u>), das Saatfeld überhaupt bezeichnet. Es ist dies besonders klar daraus ersichtlich, daß ⟨⟷⟩, ⟶⟨ bekanntlich auch „aufwachsen, heranwachsen, adolescere" (sem. rabû) bedeutet. Ich möchte demgemäß das Ideogramm etwa fassen als „was sich aus dem Schoß der Erde (eig. der Einsenkung, der Höhlung, in welche das Samenkorn gebettet ist) erschließt". Über diese und andere meiner Deutungen im Einzelnen mag man streiten können, und je mehr wir in die babylonische Denk- und Anschauungsweise eindringen, wird manche von ihnen zu modifizieren sein, aber das ist verhältnißmäßig gleichgültig. Worauf es hier ankommt, ist der Nachweis, daß das Zeichen ⟶ und „Konsorten" aus Komposition hervorgegangen sind, und dieser Nachweis dürfte wohl geglückt sein.

Noch aber sind wir mit dieser ⟶ - Serie nicht fertig. Es fehlt (wenn ich mir ein oder zwei minder wichtige Beispiele noch aufspare) noch ein siebentes Zeichen, mit welchem wir gleichsam zu unserm Ausgangspunkt, dem aus ▭⊣ und 〃⟶ gebildeten Ideogramm der „Mauer", zurückkehren – ich meine das Zeichen mu, neuassyr. ⟶, altbabyl.-archaisch ⇾⟶, ⟹⟶.

Wie doch der Augenschein täuschen kann! Wer möchte dieses Zeichen nicht für einen Pfeil halten – und dennoch kann es kein Pfeil

§ 12. Zusammensetzung ungleicher Zeichen: ⸺.

sein. Auch Hilprecht ist überzeugt, daß es das Bild eines Pfeils ist, und da der Unterschied meiner und Hilprechts Behandlungsweise unseres Problems gerade durch das Zeichen ⇉ → in recht helles Licht gesetzt wird, erscheint es angezeigt, Hilprechts Beweisführung in extenso hier mitzutheilen. Er sagt (Pennsylv. II p. 35 f.):
"The original picture for mu is an arrow whose head formerly pointed downward, and whose cane shaft bears the same primitive marks or symbols of crossed lines as are characteristic of the most ancient form of arrow used in the religious ceremonies of the North American Indians. As the shaft was represented by a single line in Babylonian writing, the original mark carved upon its surface had to be drawn across it. Instead of ⧖ →, we find therefore ⚹ →, from which ... the regular form ⇉ → developed at a later time. The correctness of this explanation is assured by the otherwise inexplicable absence of an ideogram for ussu, "arrow", in Assyrian. For it is impossible to conceive that a people using the bow in their system of writing should have altogether excluded the arrow, which played such a conspicuous rôle

in the daily life and religious ceremonies of ancient nations in general. But how is it to be explained that our ideogram does not mean arrow at all, but signifies "name"? Just as the picture of a flying bird in writing proper was used exclusively with reference to its religious significance, in order to express the abstract idea of "fate, destiny"[1], so the arrow with the marks or symbols of ownership (originally two crossing lines) carved on the shaft became the regular ideogram for "personality" or "name". The same association of ideas led to exactly the same symbolism and usage among the North American Indians, with whom "the arrow" is the symbol of personality".

Wie schon auf S.22 gesagt wurde, hat dieses Herbeiziehen der rohen Bilderschriften wilder und wildfremder Völker keinen anderen Erfolg als uns in Irrthümer zu verführen so unabsehbar wie die Prairien Nordamerikas. Das Zeichen ⇉→ sieht aus wie ein Pfeil, die Babylonier selbst erkennen, wenn ich den Zeichennamen mu-ḫal-dim-mu (83,1-18, 1331 Col. I 2), mu-ḫal-dim-mu (82, 8-16, 1 Col. I 24) richtig als "pfeil(ḫal)-ähnliches(dim)-mu" deute, seine Pfeilähnlichkeit an,

---

1) Hilprecht spielt hier auf seine – äusserst problematische – Erklärung des Zeichens

§ 12. Zusammensetzung ungleicher Zeichen: ⟨⟩.

aber es ist kein Pfeil. Es kann kein Pfeil sein, 1) weil ⇉ in der ganzen weiten sumerischen und semitischen Litteratur Babyloniens und Assyriens niemals „Pfeil" bedeutet¹; 2) weil bereits ein Zeichen für Pfeil vorhanden ist: → (s. S. 76); vor allem aber und mit zwingender Beweiskraft 3) weil nach der von uns erschlossenen Methode der sumerischen Schriftbildner ⇉→ nichts anderes sein kann als was es in dem Zeichen für „Mauer" ist, nämlich eine Kombination der nun genügend bekannten beiden Motive bez. Ideogramme ⫽ und →, welche im Zeichen mu zu Einem Ganzen verschmolzen sind. Das steht für alle Zukunft unerschütterlich fest, so fest, daß wir uns der Beantwortung der weiteren Frage, welchen Grundbegriff oder, was das Nämliche ist, welche der mancherlei Bedeutungen des sumerischen Wortes mu² die Schrifterfinder mit jener Komposition nun ausdrücken wollten, getrost entschlagen könnten. Allein das Grübeln nach dem Woher und Warum ist doch allzu verlockend als daß wir nicht den Versuch einer Deutung wagen sollten, selbst auf die Gefahr hin, daß er miß-

---

⟨⟩ an, von welcher in § 25 kurz die Rede sein wird.
1) Vgl. oben S. 34.
2) Für mu, ⟨⟩, in der Bed. „geben" (nadânu) s. in § 11 zum Zeichen ⟨⟩.

glückt und Andere in der Erschließung des ursprünglichen Zeichen-
sinnes glücklicher sind. Eins scheint mir festzustehen, daß nämlich
das Zeichen ⇉ zum Ausdruck des Begriffs „Name" ursprünglich
geprägt war. Denn nicht allein, daß „Name" die Hauptbedeutung des
Zeichens je und je war und geblieben ist, war gerade der Begriff „Name", wenn ich so sagen darf, so recht nach dem Geschmack der sumerischen Schrifterfinder, welche Wörter wie „Staub" und „Wind" oder ganz
abstrakte Begriffe wie „Gnade", „Freude", „prachtvoll", „strotzen" u.s.w.
viel lieber schriftlich fixierten als daß sie etwa einen Ochsenkopf
oder Palmzweig grobsinnlich malten. Wenn wir ⇉ deuten wollen,
wie es dem bisherigen Gange unserer Untersuchung allein konform
ist, so kann das Zeichen, da ⇉ ein Substantivbegriff ist, nichts anderes bedeuten als <u>introitum aperiens</u> „Zutritt eröffnend". Freilich auf
den ersten Blick eine sonderbare Umschreibung des Begriffs „Name",
und doch vielleicht bei näherem Zusehen und vom babylonischen Gesichtspunkte aus nicht ganz so sonderbar. Wie wir sahen, drehte sich
das Denken der sumerischen Schriftbildner vielfach um den „Zugang"
zum Haus und zur gemeinsamen Ansiedlung: der Thürflügel schließt

§ 12. Zusammensetzung ungleicher Zeichen: ⤳.

ihn, die Mauer wehrt ihm, man ist sicher und geschützt, nur wenn die Öffnung, der Zugang wohl verwahrt ist. Wer aber öffnet den Zugang? was gewährt offenen, unbehinderten Zutritt? Ich habe manchmal darüber nachgedacht, warum in dem Vokabular VR 27 N. 6 „fremder (oder feindlicher) Name", „günstiger" und „ungünstiger Name", „guter" und „nicht guter Name" unterschieden werden. Wurde der Name als das Erkennungszeichen von Freund oder Feind gefaßt? und war es von uralters her so wie bei Istars Höllenfahrt, wo die Thore der Unterwelt vor der Göttin Istar anfangs verriegelt und verschlossen bleiben, sich sofort aber aufthun, sobald der Wächter den Namen der Göttin der Königin der Unterwelt gemeldet hat? war's vor 7000 Jahren wie heute, daß der „Name" genügt, um offene oder verschloßene Thüren zu finden? Diese meine Deutung des Zeichens für „Name" als des freien Zugang eröffnenden Schibboleth ist eine Vermuthung, nichts als eine Hypothese, wie niemand williger zugiebt als ich selbst — was aber keine Hypothese ist, ist die Thatsache, daß sich ⤳ in ⟶ und 〃 zerlegt. Und nun mag auch gleich gesagt werden, wie die Schrifterfinder dazu kamen, mit 〃 den Begriff „Weg, Zugang, Eingang" zu bezeichnen.

Die ältesten Texte aus Nippur verrathen es. Denn ihre Schreibung des Zeichens mu als ※→, ※→, ※→ (s. Pennsylv. II Nr. 93. 94. 98 u. ö.) lehrt, daß ⁂ nur eine Abkürzung ist von ※, ※, dem bekannten Ideogramme für „Weg" (s. oben S. 45 ff.). Die nämliche vollere Schreibweise des „Motivs" für Weg, Eingang war bereits durch die Schreibung des Zeichens ⟰ als ⟰ (s. S. 82) ziemlich nahe gelegt.

Das sumerische bad (→) hat, wie bereits S. 109 bemerkt wurde, aus der Grundbed. „öffnen" weiter die Bedeutungen „lösen, Auflösung" sowie „Zerstörung, Tod" entwickelt. Auch in diesen Bedeutungen verwendeten die Schrifterfinder das Zeichen →, ⊳ zur Komposition. So z. B. im Ideogramme für „Holzwurm" (baltîtu, bultîtu) ⟰, welches sich von selbst als „Holzbau (⟰) zerstörend (⊳)" erklärt. So vor allem auch in einem andern Zeichen, dessen sonnenklare Zusammen-

---

¹) Da ⟰ auch bei den Sumeriern so recht eigentlich den Holz- und Balkenwurm (s. II R 5) meint, möchte ich allerdings glauben, daß die Schrifterfinder mit dem Zeichen ⟰, auch. ▭, welches späterhin, bauen, machen überhaupt, „Bau, Behausung" jeder Art bedeutete, ursprünglich den Begriff des Holzbaues verknüpften, daß also zwischen ▭ „Holz" und diesem ▭ eine nahe Verwandtschaft besteht. Da das Zeichen auch für jene allgemeineren Bedeutungen allmählich mit verwendet wurde, kann es nicht Wunder nehmen, daß aus ihm mittelst Komposition ei-

§ 12. Zusammensetzung ungleicher Zeichen [cuneiform], [cuneiform].

setzung mit → wiederum den zusammengesetzten Charakter anderer Schriftzeichen enthüllt und darum eine zweite Serie zu erklärender Zeichenkompositionen eröffnen mag.

§ 13.

Zweite Serie:

[cuneiform] , [cuneiform] ; [cuneiform] , [cuneiform] .

Jeder Assyriologe kennt die Bezeichnung des Planeten Mars als Stern [cuneiform] [cuneiform] [cuneiform] (ni-bad-a-nu), dessen richtige Lesung und Deutung, nämlich muštabarrû ([cuneiform]) mût ([cuneiform])-a-nu „der von Tod Strotzende, der von Zerstörung (Verderben) Übervolle" uns glücklicherweise durch V R 46, 42 a. b überliefert ist. Ein anderer Name von ihm ist [cuneiform] ŠI mu-tú d. i. mali mûtu „der Todesvolle" (K. 4386 Col. IV 44).

ne Fülle neuer Schriftzeichen hervorgegangen ist. Drei von ihnen seien hier kurz erwähnt. Der „Balken" (gušûru), welcher zur Bedachung und damit zur Schirmung und Krönung des Baues, des Hauses diente, wurde [cuneiform] geschrieben als „Herr, Höchster ([cuneiform], s. S. 44) der Baulichkeit". Für den „Mutterleib" (rimu u. a. W. m.), welcher auch sonst als „Behältnis" ([cuneiform], [cuneiform], s. S. 20), als „Behausung (geräumige Behausung) des Kindes" ([cuneiform], s. S. 57) angesehen wurde, schuf man mit [cuneiform] d. i. „Behältnis, Behausung des Weibes" (§ 1 Col. V 16-18) ein neues Ideogramm. Mit „hochgebaut", [cuneiform] altbabyl. [cuneiform] endlich bezeichnete man „weit, geräumig (dimal-rapšu), Weite, amplitudo" (rupšu) und speziell adverbal „Mutterleib, Mutter" (ummu). Schon Haughton ließ sich durch die Bed. „large" für [cuneiform] auf die „idea of pregnancy" hinführen, obwohl er im Übrigen unklar genug – [cuneiform] durch „divine germ", or „divine germ of heaven implanted within

Kap. II. Die unbenannten Zeichen: ⟨sign⟩, ⟨sign⟩, ⟨sign⟩.

Dieses sumerische ⟨sign⟩ „strotzend, übervoll von Tod und Verderben", mit ältesten Zeichenformen ▷ → zu schreiben, wurde von den Schriftbildnern zu dem Einen Zeichen ▷→ (neuassyr. ⟨sign⟩) mit der Bed. „zerstören, vernichten, verstören" verbunden¹, einer Bedeutung, für welche schon sehr frühzeitig das gedoppelte ▷→ besonders beliebt wurde: arch. wohl ⟨sign⟩ (vgl. in §11 das Zeichen dáḫ: ⟨sign⟩), altbabyl. (bei Hammurabi) mit Kreuzung der beiden Zeichen (vgl. §.45) ⟨sign⟩, neuassyr. ⟨sign⟩, ⟨sign⟩ (= eṣû, dalāḫu).

Wie nun die Sumerier auch sonst gerne das Wort ni, ▷ (vgl. S. 103 f.) gebrauchten, um den Begriff des Voll-, Übervollseins auszudrücken – vgl. u.a. die Bezeichnung des Gottes Nebo als Šilim-mun-ni, was der Assyrer wiedergiebt durch muštabarrû salīmi „der an Erbarmen Überreiche", v R 43, 39 c.d –, so verwendeten auch schon die sumerischen Schrifterfinder dieses ni, ▷ gerne zur Bildung

---

the womb" erklärt (p. 474), wozu Sayce die Notiz fügt: „I think it rather points to the high estimation in which the mother was held in the Accadian family, she was as it were the „deity of the house"." Haupt(?) sowohl wie Sayce fassen also in dem aus ⟨sign⟩ (Zeichenname risannu) und ⟨sign⟩ komponierten Ideogr. ⟨sign⟩ das ⟨sign⟩ in der Bed. „Gott", während ich es in der ihm gleichfalls eigenen Bed. „Loch (ana - êû) nehme.

1) Ein mit gu, ⟨sign⟩, ▷→ zusammengesetztes Zeichen ist ⟨sign⟩ gur - nasâmu „zerhauen" (§b 265), archaisch ⟨sign⟩ (Pennsylv. II N. 87 Col. II 44). Es scheint zu jener Klasse von

§13. Zusammensetzung ungleicher Zeichen: 𒎏, 𒗉.

noch weiterer Schriftzeichen.

Das sumerische za (sa?) bedeutet, wie die sumerische Wortforschung lehrt (vgl. za-bar „Bronze", za-gin „Lasurstein" u. a. m.) und das Schriftzeichen za, 𒍝 (s. weiter unten), bestätigt, „glänzend, Glanz, strahlend, Strahl." Nun ist eines der sumerischen Wörter für „Stein" oder, wie ich mich auch ausdrücken könnte, eine der sumerischen Lesungen des Ideogramms für „Stein", 𒗉, za. Die Vermuthung liegt nahe, daß dieses za speziell den glänzenden Stein, den Edelstein bedeute, und sie wird bestätigt durch das sumerische Wort za-dim (als z/sadimmu ins Semitische übergegangen, s. HWB 563 f.), insofern dieses nicht den Steinarbeiter überhaupt, sondern den „Edelsteinarbeiter, Juwelier" bedeutet. Nun begreift sich auch, warum die Schrifterfinder den „Stein", za, 𒍝 d. i. „voll von Licht, glanzerfüllt, lichtausstrahlend" schrieben — sie meinten damit ursprünglich za, den „Edelstein" und gebrauchten erst weiterhin — sekundär — das Zeichen für „Stein", na,

---

syllabischen Zeichenkompositionen (wie ich sie kurz benennen möchte) zu gehören, in welchen die den beiden Zeichenbestandtheilen entsprechenden Wörter, ihrer ursprünglichen Wortbedeutung entkleidet, lediglich syllabischen Werth haben, also 𒄖 + 𒌨 d. i. gu-ur(u) = gur. Vgl. ferner 𒄖𒌦 gun d. i. 𒄖 gu + 𒌦 un, 𒌋𒄖 u-gur (s. auch §17), 𒌋𒈩 u-liš (= šamû §⁵¹ Col. II 5) und wahrscheinlich auch 𒈨𒌍 me.eš (s. hierfür auch §18).

im Allgemeinen. Interessant ist zu beobachten, wie sich der zusammengesetzte Charakter dieses Ideogramms für „Stein" durch alle Entwickelungsstadien des Zeichens hindurch erkennbar erhalten hat: altbabyl. 〈𒀭〉 (bei Gudea), 〈𒀭〉, 〈𒀭〉 (Neb. II 49. 30 u. ö.), altass. 〈𒀭〉 (Sams. I 49), neuassyr. 〈𒀭〉 (𒀭 + 𒀭), nur im neubabyl. 𒀭 u. ä. ist der Ursprung des Zeichens einigermaßen verwischt. Übrigens scheinen die Sumerier im Unterschiede von 〈𒀭〉, dem „Edelstein" (za, erst sekundär na), auch noch ein zweites Zeichen und zwar für den gewöhnlichen Stein (na) geprägt zu haben, nämlich das bekannte Zeichen na, altbabyl. 〈𒀭〉, 〈𒀭〉, neuassyr. 𒀭 (Zeichenname: nanû), welches in 81,7-27 Obv. wirklich durch na-a = abnu erklärt wird[1] und unzweifelhaft auch in 𒀭 𒀭 na-ru-a (sem. narû) d. i. „Steingebild, Steinfabrikat" enthalten ist, womit man in Babylonien je und je die Schriftdenkmäler aus Stein, Steintafeln, Stelen u. s. w. bezeichnete. Und fragen wir, warum denn die Schrifterfinder den gewöhnlichen Stein 〈𒀭〉, 〈𒀭〉 schrieben, so springt die allernächste Verwandtschaft des Zeichens mit 〈𒀭〉 d. i. „Erde" sofort in die Augen, und da wir be-

---

[1] Außerdem durch šû, lâ und amêlu.

§13. Zusammensetzung ungleicher Zeichen: 𒀷 (nebst 𒊺, 𒌷).

reits wissen (s. S. 69), daß man in das Zeichen für „eins"(—) auch den Begriff des in sich Abgeschlossenen, Kompakten, Festen hineinlegte, so ergiebt sich die Erklärung des Zeichens als „kompakte, feste Erdmasse" von selbst und gewiß in befriedigendster Weise.¹

Jedermann sieht, was das Zeichen 𒊺 oder 𒊺 (ursprünglich als 𒊺 gedacht, s. S. 27) bildlich ausdrücken wollte. Natürlich die Ähre, und deshalb wurde und wird dieses Zeichen (altbabyl. 𒊺, neuassyr. 𒊺) auch in allererster Linie für „Korn, Getreide" (še - še'u) gebraucht. In zweiter Linie konnte aber ebendieses Bild auch zur Darstellung gegen- oder wechselständigen Blätterwerkes, der Blätter der Schilfrohre, Stauden, Kräuter, Sträuche und Bäume² dienen, wie die ältesten Formen des neuassyr. Zeichens für še, šum, 𒊺, nämlich 𒊺 (Geierstele), 𒊺 (Pennsylv. II Nr. 115), 𒊺, 𒊺, 𒊺 u. ä., 𒊺 (bei Gudea), auch 𒊺 (bei Ur-Bau) beweisen. Denn daß die Schriftenfinder mit diesem Zeichen eine Pflanze, wohl eine besonders üppig wuchernde Pflanze (daher die Doppelung) darstellen wollten, darf wohl

---

1) Das Vokabular 81, 7-27 läßt die Zeichen kt, di, na (in ihrer älteren Schreibung) auf einander folgen.
2) Beachte die assyrischen Darstellungen großer und kleinerer Bäume auf pl. 12

Kap. II. Die unbenannten Zeichen: 𒊺, 𒄀.

als sicher gelten, obschon die Frage: welche Pflanze? (das Ideogramm bedeutet sonst die „Zwiebel") zur Zeit noch eine offene bleiben muß.[2] So kam es, daß das Schriftzeichen 𒊺 zur symbolischen Bezeichnung allen Pflanzenwuchses, jedweder Vegetation verwendet wurde; die Verallgemeinerung der Grundbedeutung konnte um so leichter geschehen, als das sumerische Wort ŠE selbst neben der speziellen Bed. „Getreide" noch eine allgemeinere Bedeutung gehabt haben muß: vgl. die Bezeichnung des „Sesams" (also eines Krautes) als 𒊺 𒅊 𒄿 d. i. Ölbaum (oder Öl)-Pflanze, sowie das häufige 𒊺 𒅊 (𒉿) še-ru(-a), womit die Sumerier jeden Keim, Stengel u. s. f. (sem. šerû, nipru, zikpu u. s. w.), jeden weiteres Leben treibenden Sproß und Schoß bezeichneten. S. ferner für 𒊺 unsere ganze dritte Zeichen-Serie.

Als ein Kompositum aus ▷ „strotzen, übervoll sein" und dem soeben besprochenen še möchte ich das Ideogramm für „Rohr" (gi - ḳanû), neuassyr. 𒄀, fassen, dessen älteste Formen bereits

Nr. 2, pl. 13, 17 u. a. von Layards Monuments of Nineveh (Second Series); sie kommen jenen von Rohren (s. oben S. 24) außerordentlich nahe.
1) Die Zeichenformen auf den Vasen Lugal-zaggisi's, 🐟 und gar 🔷🔷, können nur als Zeichenentartungen gelten.
2) Das Zeichen für das Bild einer „Kornähre" (Hilprecht, l. c. p. 40) zu halten, verbieten

§13. Zusammensetzung ungleicher Zeichen: ⟦⟧, ⟦⟧.   127

auf S. 24 mitgetheilt wurden: ⟦⟧, ⟦⟧, ⟦⟧, ⟦⟧. Die nach Zahl wie Größe enormen Rohre, wie sie die sumpfige Euphrat- und Tigrisniederung an der Mündung des persischen Meeres hervorbrachte, würden gewiß sehr passend als „strotzend, üppigst von Wachsthum" charakterisiert sein. Aber darf denn ▷, ▷ (woraus dann weiter ⟦⟧, ⟦⟧, ⟦⟧, ⟦⟧ hervorgegangen sind) dem Zeichen ▷ ni gleichgesetzt werden? Ich glaube, ja. Denn nicht allein, daß gerade die Formen ▷ und ▷ auch als Varianten des allein stehenden ni sich finden (s. Pennsylv. II Nr. 87 Col. III 37. 39)*, wechseln ▷ und ▷ auch innerhalb anderer Zeichen, wie z. B. ḫe, gan (s. S. 104), beachte auch die altbabylonischen Schreibungen des Zeichens in, dessen 2. Bestandtheil ebenfalls ▷ ist: bald ⟦⟧ bald ⟦⟧ (I R 1 Nr. I 1, 4. 2, 4). Indeß, sollten wir uns hiermit auch täuschen und sollte in ▷, ▷ ein anderes Zeichen denn ni vorliegen (man müßte dann wohl in erster Linie an ▷ „ma-

---

glaube ich, die beiden ersten auf S. 125 genannten Zeichenformen. Recht beachtenswerth ist übrigens, daß auch § b 2, 7 ⟦⟧ zur ⟦⟧-Gruppe gestellt und gerade zwischen ⟦⟧ und ⟦⟧ eingereiht ist, welche beide mit gedoppeltem ⟦⟧ zusammengesetzt sind, ebenso wie ⟦⟧ ein gedoppeltes Zeichen ist.
*) Nach Hilprecht (l.c., p. 40 note 2) wäre freilich beidemal vom vorhergehenden Zei-

128   Kap. II. Die unbekannten Zeichen: 𒍑, 𒍽.

chen, schaffen" denken)¹ — daran, daß ▷⟫, ⊢——⟫ ein _Kompo-_
situm ist, wird nichts geändert; schon das völlig gleich gebildete Zeichen _zi_ „Leben"(_napištu_), neuassyr. 𒍣, altbabyl. 𒍣,
noch älter ⊢⟫, ⊢⟫ (Gudea), archaisch ⊢⟫ (Geierstele) oder
(nach Analogie von _gi_ sicher anzunehmen) ⊢——⟫ bestätigt es
und hätte Irrthümern wie dem S. 24 f. erwähnten vorbeugen können und sollen. Wie _gi_ sich zusammensetzt aus ▷ bez. ⊢—— und
⟫, so _zi_ aus ▷ bez. ⊢—— und ⟫. Was ist das für ein Zeichen?
Auf Blatt 60 des V. Bandes des Londoner Inschriftenwerkes ist
das Reliefbild veröffentlicht, welches sich in Abu Habba (Sippar) auf
der im Tempel des Sonnengottes niedergelegten Steintafel des babylonischen Königs Nabû-aplu-iddina (um 870 v. Chr.) gefunden hat. Wir
sehen dort (um das hier uns Interessierende hervorzuheben), wie das
Bild der strahlenden Sonne auf das Allerheiligste, in welchem der
Sonnengott majestätisch thront, von Männern emporgezogen wird;
das Allerheiligste selbst steht am Ufer eines großen Gewässers.

---

hen noch ein vertikaler Strich hinzu zu ergänzen — eine sehr scharfe Beobachtung, die aber
sich noch durch mehr Beispiele gestützt werden zu müssen scheint.
¹) Durchaus zu lernen von obigem ▷, ⊢, ⊢, ⊢ ist ⫴, wie es z. B. von Zeichen

§ 13. Zusammensetzung ungleicher Zeichen: ᛭ (⍦, ⍦). 129

Die Sonnenscheibe ist etwa in dieser Weise dargestellt:

Die Wellenlinien 〰 malen die von der Sonne aus sich ergießenden Strahlen, und wenn mit ebensolchen Wellenlinien, der Richtung der sitzenden Körpergestalt folgend, die ganze Person des Sonnengottes bedeckt ist, so will dies andeuten, daß der Sonnengott in ein Strahlengewand eingehüllt ist: Licht ist das Kleid, das er anhat. Genau die nämlichen Wellenlinien, nur in horizontaler Richtung, finden sich zu den Füßen des Sonnengottes, etwa in dieser Zeichnung:

〰〰〰,

um das Wasser abzubilden. Wir brauchen zum Verständniß dieser bildlichen Darstellungsweisen nicht lange von den Wechselbeziehungen zwischen Licht und Wasser, ihrer beider Wellenbewegung, ihrer Klarheit u. s. w. zu sprechen, können auch darauf verzichten, an einer größ: ᛭⋁, ᛭⊐ (vgl. § 10 zum Zeichen ▲⍦) zur Verwendung kommt.

ßeren Zahl von Beispielen darzuthun, wie die menschliche Rede beide Begriffe „Wasser" und „Glanz" eng mit einander verknüpft (vgl. türkisch ‿ su, was ebensowohl das „Wasser" als den „Glanz", z. B. der Edelsteine, bedeutet), vielmehr heben wir hier nur hervor, daß aus jenen Wechselbeziehungen zwischen Glanz und Wasser auch die nahe Verwandtschaft der beiden babylonischen Schriftzeichen für „Glanz, Strahl, glänzend" (za) und für „Wasser" (a) hervorgegangen ist: za arch. ‖ (Geierstele), weiterhin ⩑, a arch. ‖ (Geierstele), weiterhin ⩑. Wir haben hier ein neues Beispiel dafür, in wie feiner Weise die sumerischen Schrifterfinder sich dann und wann der Zeichendifferenzierung bedienten, indem sie za „Glanz, Lichtstrahl" mit zwei Wellenlinien, a „Wasser" dagegen mit einer geraden und einer Wellenlinie schrieben. Das Zeichen ‖ za ist die vereinfachteste Form des „Wellenmotivs", um es kurz so zu bezeichnen, näher des Lichtwellenmotivs (daher die senkrechte Stellung²); gedoppelt und gleichzeitig – aus einem ganz bestimmten Grunde – horizontal gelegt kehrt ‖ bez. ⩑ wieder

---

1) Pennsylv. II Nr. 86. 87 bietet folgende Schreibungen des Zeichens a: ǁ, ǁ, ǁ, ǁ, ǁ, ǀ, ǁ, ǁ, ǀ.

2) Das Zeichen a mußte, da es von za aus mittelst Differenzierung gebildet wur-

§ 13. Zusammensetzung ungleicher Zeichen: 𒈾 (𒈫).

in dem Ideogramm für „Nacht", 𒈫, worüber Näheres in § 17. Am vollkommensten aber liegt das Wellenmotiv, näher (weil wagrecht) das Wasserwellenmotiv in dem Schriftzeichen _lum_ (neuassyr. 𒈫) vor, dessen älteste Form 〜〜 (so bei Gudea) noch klar die Wellenlinien 〜〜 des Wassers, des befruchtenden Nass zur Schau stellt und ebendadurch leicht verständlich macht, dass die Schrifterfinder mit diesem Zeichen das Wort _lum_ d. i. „befruchten, reiche Frucht tragen lassen, zu üppigster Entwickelung bringen" (sem. _unnubu_)[1] zum graphischen Ausdruck brachten.

Es liegt auf der Hand, dass der zweite Bestandtheil des Zeichens für „Leben" 𒀭𒈫 in allernächster Beziehung steht zu dem eben besprochenen _lum_. Man könnte daran denken, in den vertikalen Wellenlinien das Bild der Lichtstrahlen zu erblicken, also dass der Begriff „Leben" gefasst wäre als „Fülle von Licht", im Gegensatz zum Tod, der _šimat mûši_ oder dem „Loose der Nacht". Allein da 𒈫 uns sonst nicht als ein selbständiges Schriftzeichen belegbar

---

de, nothwendig die vertikale Richtung erhalten.

[1] Als Adjektiv bed. _lum_ dann auch „üppig entwickelt, üppig", daher _da-lum_, „üppig an Kraft, kraftvoll, stark" (_dannu_) und _ka-lum-ma_ „Dattel" (_suluppu_), sogenannt

ist, so möchte ich vorziehen, 𒑊 unmittelbar für das Zeichen *lum* zu halten, von den Schrifterfindern senkrecht mit 𒆷 verbunden, um eine bessere Vereinigung beider Bestandtheile zu erzielen als sonst möglich gewesen wäre. Bewährt sich diese Annahme, so würde vita als vigor geschrieben sein, als „strotzende Fülle von Kraft und Saft", wie sie etwa dem Baum eignet, „gepflanzet an Wasserbächen".

§ 14.

Dritte Serie:

𒊺𒌷, 𒊺𒁉, 𒊺𒆪, 𒊺𒊺 .

Von 𒊺 als dem Zeichen für „Getreide"(*še*) und weiter für jegliche Art von „Vegetation" war bereits § 125 f. bei Besprechung des Ideogrammes für „Rohr" die Rede. Das dort Auseinandergesetzte wird durch die hier zu einer dritten Serie verbundenen Schriftzeichen allseitig bestätigt.

Daß die Sumerier einen Garten, welcher viele Pflanzen um-

---

als „üppig wachsende Frucht(*ra*).

¹) Es liegt nahe, das sumerische 𒊺𒊺 (𒁉) zu ihren Gunsten anzuführen, doch lasse ich dieses von Jensen in Kosmologie, S. 154 f. und von mir in HWB

§ 14. Zusammensetzung ungleicher Zeichen: 𒃽, 𒊬.

schließt und selbst umschloßen ist, mit einem Kompositum aus pluralisch gedoppeltem 𒑊 und dem bekannten Zeichen für „Umschließung", also mit 𒑊☐ graphisch wiedergaben, bedarf keines Kommentars. Das Zeichen, welches altbabylonisch 𒋧𒁉 u. ä., neuassyr. 𒃽 geschrieben wird, steht bekanntlich als Determinativ hinter den Namen von Gartenpflanzen und bildet mit vorgesetztem 𒄑 „Baum" das übliche Ideogramm für „Baumpflanzung, Park" (sem. kirû): 𒄑 𒃽.

Das Zeichen li, neuassyr. 𒊬, altbabyl. 𒋧𒁉, bei Gudea 𒑊 𒁉 u. ä., also deutlich ein Kompositum aus 𒑊 + šá, wird II R 27, 52 e. f durch musarû ša ekli erklärt, d. i. „Anpflanzung, Garten, Acker" (so HWB 421 u. II. musarû) oder vielleicht noch besser „Pflanzenreihe, Gartenbeet" u. dgl. Für dieses li nun bieten die Pennsylvania-Texte Nr. 86 und 87 ganz besonders lehrreiche Formen, unter denen die folgenden hier hervorgehoben werden mögen:

𒑊𒁉¹ (auch 𒋧𒁉), 𒑊𒋧², 𒑊𒈨³, 𒑊𒁉⁴, 𒑊𒁉⁵.

Eine Vergleichung der Formen 1—4 mit Nr. 5 lehrt zunächst, daß šá

---

466 & besprochene Wort absichtlich beiseite.

neuassyr. 𒁹, altbabyl. 𒁹, 𒁹, arch. 𒁹 gunieties 𒁹 ist; sie bestätigt ferner durch den Wechsel der gunierten und der einfachen Form innerhalb des Zeichens *li*, daß ihrer beider Grundbedeutung die nämliche ist; sie enthüllt uns endlich die Bedeutung von *šá* d.i. 𒁹. Denn wie §20 zeigen wird, ist 𒁹, 𒁹 mit dem charakteristischen kleinen Strichelchen am Ende das Zeichen für den Begriff „Richtung"; das gunierte 𒁹 wird also eine große oder lange Richtung oder Reihe", wie etwa eine Ackerfurche bezeichnen, und das Gesamtzeichen 𒁹 eine „lange Pflanzenreihe", ein Gartenbeet o.ä., einen *musarû ša ekli*, wie die assyrischen Gelehrten bezeugen. Interessant ist auch die verschiedene Art und Weise der Anbringung der Gunierungslinien: theils außerhalb (Nr. 1) theils innerhalb (Nr. 2.3) von 𒁹 (𒁹); desgleichen die Reduzierung der vier Gunu-Linien auf zwei in Nr. 4.

Ein Zeichen, welches mir nach seiner Entstehung lange Zeit unklar geblieben war, ist das Zeichen für sum.*tu*, einem Worte, welches „Taube"(*summatu*) und „gebären, zeugen",[1] aus *tur* verkürzt,

---

[1] Vgl. z.B. dingir tu-tu = *muallid ilâni* (vom Gotte Marduk).

§14. Zusammensetzung ungleicher Zeichen: 𒁺, 𒌅. 135

auch „eintreten"(_erêbu_) bedeutet. Die Form, welche _tu_ (neuassyr. 𒁺) auf den Gudea-Statuen hat, 𒉺𒌅, läſst die Natur des zweiten Zeichenbestandtheils nicht erkennen, denn seine Ähnlichkeit mit dem Ende des Zeichens _ad_ (s. S. 58) ist natürlich nur eine rein äuſserliche und trügerische. Sehe ich indeſs recht, so hilft Nr. 87 der Nippur-Inschriften auch hier. Denn indem sie Col. I 26 _tu_ 𒉺𒈾 schreibt, legt sie die Zusammensetzung des Zeichens aus 𒉺¹ und ▷ (d. i. 𒌅), welch letzteres sich seiner Lage nach dem Zeichenende ⟨ von _še_ angepaſst hat,² auſserordentlich nahe. Das nämliche 𒊺 𒌅 also, welches als sumerisches Kompositum _še-zu_ „Vegetation schaffend oder zeugend" bedeutet und speziell den Blätter und Blüthen treibenden Stengel der Pflanze (s. oben S. 126) bezeichnet, würde, zu Einem Zeichen zusammengeschloſsen, zum graphischen Ausdruck des Begriffs „zeugen" (_tu_ - _alâdu_) gedient haben.

Das vierte Zeichen dieser dritten Serie ist das Ideogramm für

---

1) Das Zeichenende ist das nämliche wie in 𒈾 neben 𒈾 (s. S. 125).
2) Solche geringe Assimilierungen des einen Zeichens an das andere laſsen sich auch sonst – allerdings vereinzelt – beobachten.

Kap. II. Die unbekannten Zeichen: 𒄑𒌁.

den „Wald" (ter-kištu), neuassyr. 𒄑𒌁, altbabyl. 𒄑𒌁 (Neb.), älter 𒄑𒌁. Der „Wald", welcher, wie die assyrischen Könige so oft vom Waldgebirge Ḫamân rühmen, alle Arten von gewürzreichen Pflanzen und von Bäumen in sich befaßt, wurde auch von den Schrifterfindern als der „vegetationsreiche" geschrieben, als „Herr oder Inhaber" (𒌁, s. S.44)[1] der „Vegetation" (𒄑).

Noch von zwei andern Zeichen unterliegt es keinem Zweifel, daß sie ebenfalls in diese Serie gehören: von in, neuassyr. 𒀹𒌁, altbabyl. (Gudea) 𒄑𒀹, und von uz, neuassyr. 𒄑𒀹, altbabyl. 𒄑𒀹 und älter (vorauszusetzen) 𒄑𒀹; leider sind uns die Bedeutungen beider Zeichen bez. Wörter noch zu wenig sicher bekannt, als daß wir eine Analyse dieser Zeichenkompositionen wagen möchten. Wie vortrefflich der Verfasser von S^b um die ältesten Formen der assyrischen Schriftzeichen Bescheid wußte, lehrt die Zeichenfolge in $S^b 2$: 𒌁 (Z.2f.), 𒄑𒌁 (Z.4), 𒌁 (Z.5f.), 𒌁 (Z.7), 𒌁 (Z.8), 𒌁 (Z.9) — nur 𒄑𒌁 läßt sich vermissen.

---

1) Beiläufig die Notiz, daß gemäß 81,7-27 Rev. 𒌁 mit eingesetztem nun-nunu = ganû und mitrum, dagegen mit niruu = ú-rum und zuûrum ist. Es wird hier also ein Unterschied gemacht zwischen dem nach als 2 Zeichen gefühlten nun-nunu und dem

§15.

Vierte Serie:

⟨cuneiform signs⟩.

Das mit gedoppeltem <u>nun</u> gebildete Zeichen für „Wald" leite uns zu einer vierten Serie von Zeichen über, welche sämtlich mit dem einfachen <u>nun</u> komponiert sind. Das sumerische Adj. ⟨sign⟩ <u>nun</u> „groß, viel" (<u>rubû</u>) diente den Schrifterfindern sehr vielfach zur Komposition, nicht allein von Zeichengruppen wie ⟨sign⟩ (s. §.42), ⟨sign⟩, ⟨sign⟩, ⟨sign⟩ („Hof", s. §10), ⟨sign⟩, ⟨sign⟩ u.a.m., sondern auch von geschlossenen Zeichen, von denen §.55 f. ⟨sign⟩ besprochen wurde und zu denen ferner noch ⟨sign⟩ (§^{b}202: ⁴/₄ <u>zu</u> – <u>bârû</u>) und ⟨sign⟩ (§^{b}278: <u>ušmaš</u> – <u>emu</u>) gefügt seien¹. Dieses <u>nun</u>, dessen älteste Formen ⟨sign⟩ oder ⟨sign⟩ sind, das aber in Zusammensetzungen auch als ⟨sign⟩ erscheint, finden wir nun auch als Bestandtheil von Zeichen, welche vor allem in ihrer neuassyrischen Gestalt mit zu den einheitlichsten zu gehören scheinen, die wir überhaupt be-

---

als Ein Zeichen geltenden <u>nir</u>.

1) Irgendwie mit ⟨sign⟩ zusammengesetzt ist ohne Zweifel auch das Ideogramm für „Schwanz" (<u>kun</u> – <u>zibbu</u>, <u>zibbatu</u>), neuassyr. ⟨sign⟩, neubabyl. ⟨sign⟩, IR 49 Col.

Kap. II. Die unbekannten Zeichen: ⟨zu⟩, ⟨su⟩, ⟨…⟩.

sitzen. Ich meine zunächst die beiden Zeichen zu „erkennen, wissen" (neuassyr. ⟨zu⟩) und su „mehren, vermehren" (neuassyr. ⟨su⟩).

Verfolgen wir diese beiden Zeichen, welche bei Gudea die Formen ⟨zu⟩ (zu) und ⟨su⟩ (su) haben, bis zu ihrem Ursprung zurück, so ergiebt sich die überraschende Thatsache, daß die sumerischen Schrifterfinder für zu „erkennen" (idû), auch „weise" (liû) und su „mehren, viel machen" (erêbu) ein gemeinsames Schriftzeichen und zwar

⟨sign⟩

geprägt haben¹. Wie mag sich dieses Räthsel erklären? Hilprecht (l.c., p.41 note 6) sagt: „Originally zu and su had the same ideogram, which represents a vessel (cistern?) into which water flows. Zu means, therefore, „to flow into", or trans., „to pour into, to add", then figur., „to increase one's knowledge, to learn, to know". Aber das alles sind gefährliche Selbsttäuschungen. Daß ‖‖ oder ≡ „fließendes Wasser" darstelle, ist noch durch nichts bewiesen (s. den Schluß von §10), läßt also keinerlei Schlußfolgerung („therefore") zu. Sodann

---

II 35 ⟨sign⟩; doch wird von der definitiven Zeichenanalyse die archaische Schreibung abzuwarten sein.

1) ? für ⟨sign⟩ su z.B. Pennsylv. II Ki. 120, 1 d. Auch die Geierstele schreibt su ⟨sign⟩.

§15. Zusammensetzung ungleicher Zeichen: 𒅆, 𒅇. 139

bedeutet zu nie und nirgends weder „hineinfließen" noch „hineingießen" noch auch „hinzufügen" (diese Bedeutungen sind alle fingiert), und endlich ist die Bedeutungsentwickelung „hinzufügen", „jem.'s Wissen vermehren" einer jener etymologischen Sprünge, vor welchen nicht eindringlich genug gewarnt werden kann. Nein! die Lösung des Räthsels ist eine ganz andere. Wir wissen nunmehr seit geraumer Zeit, daß die semitischen Babylonier mit ihrem Worte înu (𒅆) die zwei Bedeutungen verbanden: „Auge" und „Theil", also daß z.B. ḫanšâti, unter Ergänzung von înâ, die Fünfttheile, Fünftel bedeutet (s. Näheres in HWB 49 u. I. înu). In den übrigen semitischen Sprachen giebt es meines Wissens für diesen Gebrauch des Wortes 𒅆, عين keine Analogie, es muß hier ein fremder, also sumerischer Sprachgebrauch in das semitische Idiom Babyloniens eingedrungen sein, und dies bestätigt sich in der überraschendsten Weise, indem die sumerischen Schrifterfinder die beiden Begriffe „Auge" und „Theil, theilen", welche schon Gudea differenzierend 𒅆 (igi, ši) und 𒁀 (ba) schreibt, mit dem Einen gemeinsamen Zeichen des Auges, nämlich 𒅆, wiedergaben! Noch auf der Geier-

Kap. II. Die unbekannten Zeichen: [Zeichen], [Zeichen], [Zeichen], [Zeichen].

stelle haben die beiden Zeichen _ba_ und _igi_ ganz die nämliche Form ⊲. Je nachdem man nun in ⊲, ⊲ mit der Bed. „Auge" oder mit der Bed. „Theil, theilen"¹ ⊞ „groß, viel" einfügte, erhielt man theils „groß an Auge, an Blick" (daher „weise, wissen" u. s. f.) theils „groß an Theil, viel zutheilen" (d. i.: „mehren"). So ist alles ebenso einfach wie klar, und es möchte nur noch besonders auf die beiden Zeichendifferenzierungen aufmerksam zu machen sein, die wir in diesem Abschnitt konstatieren mußten: jene von _zu_ und _su_ und diese von _igi_ (_ši_) und _ba_². Beide bestätigen, was wir im Lauf dieser Untersuchung über das Prinzip der Zeichendifferenzierung ausgesagt haben.

Das Zeichen _nun_ und zwar in seiner vollen Form ⊞⊦ ist weiter in den Zeichen _ib_ und _erin_ enthalten. Sum. _ib_ (_ibbi_, verwandt _ub_), neuassyr. [Zeichen], altbabyl. [Zeichen], [Zeichen], arch. [Zeichen], [Zeichen] (Pennsylv. II Nr. 120, 2 B), bed. die „Himmelsgegend" (_tubuktu_, §ᵇ 221). Da die Sumerier mit ☐ die „Umschließung" oder Einfassung

---

1) Wie die Sumerier dazu kamen, „Auge" auch für „Theil" zu gebrauchen, ist klar, doch würde seine Darlegung hier zu weit führen.
2) Der horizontale Strich von ⊲, auch ⊲ geschrieben, ging natürlich in jenem von _nun_ bei der Einfügung unter.
3) Dem Entwickelungsgang jeder dieser Zeichendifferenzierungen im Einzelnen

§ 15. Zusammenfügung ungleicher Zeichen: 〈cuneiform〉, 〈cuneiform〉. 141

von allen Seiten" bezeichneten, könnten sie mit 〈cuneiform〉 (= *ᛣ*) recht wohl den Begriff der einzelnen „Seite" (*bar-aḫu*) zum Ausdruck gebracht haben, und die Wiedergabe des Begriffs „Himmelsgegend", d. i. einer Seite des Universums, mittelst eines Kompositums aus 〈cuneiform〉 + 〈cuneiform〉 würde sich um so leichter erklären, als die Sumerier „Seite" auch sonst gern mit gunierten Zeichen schrieben (s. 〈cuneiform〉 S. 95 und vgl. 〈cuneiform〉 in § 21) und statt *ub* „Himmelsgegend" meist *ub-da* „weite Himmelsgegend" sagten.

Das Ideogramm für „Ceder, Cedernholz" (*erin-erinu*) zeigt in seiner altbabylonischen, 〈cuneiform〉 (Neb.) wie auch noch seiner neuassyrischen Form, 〈cuneiform〉, deutlich die Zusammensetzung mit 〈cuneiform〉. Gudea schreibt 〈cuneiform〉. Nun darf nicht ohne Weiteres dieses archaische 〈cuneiform〉 dem neuassyr. 〈cuneiform〉 gleichgesetzt und ebendamit *erinu* für ein Kompositum aus 〈cuneiform〉 (*sig*) + *nun* erklärt werden, da das assyr. 〈cuneiform〉 in *erinu* möglicherweise auf einer ganz speziellen zufälligen Zeichenentwickelung beruhen könnte. Allein in unserm Falle darf doch wohl die Gleichsetzung von 〈cuneiform〉 und

---

nachzugehen, verlohnt sich sehr, obenan zu chronologischen Zwecken.

142　　Kap. II. Die unbekannten Zeichen: 〈sign〉, 〈sign〉, 〈sign〉.

〈sign〉 d. i. sum. *sig* „Hülle, Umhüllung, Bedeckung" gewagt werden, da die Aufeinanderfolge der Zeichengruppen in S^b 1 Col. III: 〈sign〉, 〈sign〉 (arch. 〈sign〉, 〈sign〉), 〈sign〉, 〈sign〉 (arch. 〈sign〉→) für 〈sign〉 in der That auf eine archaische Form wie 〈sign〉 schließen läßt. Da die Ceder den Babyloniern je und je in allererster Linie zur Bedeckung, Bedachung (*ṣa/lûlu*) ihrer Häuser diente und wegen der Größe ihres Stammes als Bedachungsmaterial besonders hoch geschätzt wurde, dürfte sich die Schreibung von „Ceder" und „Cedernholz" als „große Bedachung" (oder groß in Bezug auf Bedachung") ungezwungen erklären.

Das neuassyr. 〈sign〉, welches die beiden Bedeutungen „Volk" (*uku – nišu*) und „Land" (*kalama – mâtu*) in sich vereinigt (s. S^b 246 f.), geht auf eine sehr umfangreiche Grundform zurück: altbabyl. 〈sign〉 (Neb. III 14. VIII 35) u. ä., bei Gudea theils 〈sign〉 → („Volk") theils 〈sign〉 → („Land"), archaisch (z. B. Pennsylv. II. Nr. 87) 〈sign〉 (I 40), 〈sign〉 (I 5), 〈sign〉 (II 19), auch 〈sign〉 → oder 〈sign〉. Diese Grundform 〈sign〉 ist aber völlig durchsichtig: sie giebt sich von selbst als Zusammensetzung aus 〈sign〉 + 〉〉 +

§15. Zusammensetzung ungleicher Zeichen: ⌈▦, ⌈▦. 143

▦, sodaſs das „Volk"(bez. „Land") von den Schrifterfindern geschrieben wurde als „großes (▦) Gefüge (▦) von Leuten (𒀫), große Vereinigung von Unterthanen"; s. für 𒀫 (𒐊) §11, für ▦ (▦) §19. Der Assyrer würde das Ideogramm etwa durch *rikſu rubû ſa ṣâbê* wiedergeben.

Wie sich ⌈▦ als ein Kompositum aus drei verschiedenen Zeichen entpuppt, so auch ⌈▦ (*dun, ſul*), altbabyl. ⌈▦ (I R 2 Nr. II 1, 1. 2, 1), ⌈▦ (*Gudea*), ⌈▦ (*Pennsylv. I Nr. 16*), nämlich aus ⌈ bez. ⌐ (⌐) *ma* „Land" + ⌐ „einer" + ▦. Wie die Sumerier einen „Alleinherrscher, Herrscher" *uſumgallu* d. i. den „Einen Großen" nannten (s. HWB 145 b u. I. *uſumgallu*), so bedeutete dieses Ideogramm für „Herr" (*edlu*) ursprünglich den „Einen Großen des Landes", den „Landesherrn". Wäre uns die archaische Form des neuassyr. ⌈▦ bekannt (s. einstweilen I R 3 Nr. X, 9 B), so würde gewiß auch dieses Zeichen sich als ein analoges Kompositum ausweisen.

Zum Schlusse dieser vierten Zeichenserie möchte ich exkursweise gleich noch ein Zeichen besprechen, dessen archaische Form unwillkürlich an die des vorhin besprochenen Ideogramms für „Volk" erinnert: ich meine das Zeichen 𒊕, altbabyl. (Gudea) 𒊕, archaisch (Pennsylv. II Nr. 87) 𒊕 (III 30), 𒊕 (III 32), weniger gut 𒊕, 𒊕 u. ä. Wie S^b_1 Col. III 22f. lehrt, bedeutet dieses Zeichen sowohl „gnädig, freundlich sein" (ša(g)-damâḳu) als „Dattelpalme" (gišimmar -gišimmaru). Die Dattelpalme, so gut wie stets mit dem Determinativ „Baum" versehen, wird als „Gnadenbaum" so geschrieben, und diese Charakterisierung verdient ja die Palme kraft der Mannichfaltigkeit ihrer den Menschen gespendeten köstlichen und reichlichen Gaben vollauf. Das Zeichen 𒊕 (šag) muß hiernach, ähnlich wie 𒆥 (sig), s. S. 48f., den Begriff „gnädig, huldreich sein" zum Ausdruck gebracht haben. Und zwar that es dies mittelst Zusammenfügung der drei Zeichen 𒊕 + 𒊕 (d. i. neuassyr. 𒊕) und 𒌋 (d. i., wie im Ideogramm für „Volk", 𒌋). Was ist 𒊕 ? Die Antwort auf diese Frage finde ich in S^b_1, welches seltsamer Weise unmittelbar an 𒊕 „Ceder" (III 21) unser 𒊕 (Z. 22 f.) anschließt. Diese Zusammenstellung wird nun durch die Annahme begreiflich, daß das assyrische Exemplar von S^b auf eine neubabylonische Tafel zurückgeht, welche jene beiden Zeichen mit

§ 15. Zusammensetzung ungleicher Zeichen: 𒁇𒊩. 145

ihren neubabylonischen Formen 𒉺𒅗 („Ceder") und 𒉺𒊩 („gnädig sein")
schrieb. Wie nun in dem ersteren Zeichen 𒉺 d. i. sig enthalten ist
(wahrscheinlich als phonetische Wiedergabe von 𒄑, 𒄑𒊬 sig), so
muſs auch in dem Zeichen für „gnädig sein" irgendein 𒉺 d. i. sig
den ersten Bestandtheil bilden, und da uns nun in der That ein
sig, 𒉺 (𒊬) mit der Bed. damâḳu „gnädig sein" überliefert ist (s.
K. 4395 Col. V 10: amêl 𒆷𒊬 = amêl 𒆷𒉺𒊩, und beachte die Zusammenordnung von 𒉺, 𒊬, 𒉺𒊩 Sᵇ Col. V 10-13), so ergiebt sich für die archaische Form des hier untersuchten Zeichens die Folgerung, daſs
sein erster Theil ⊢⊨ sig zu lesen ist, ebenfalls „gnädig sein"
bedeutet und höchst wahrscheinlich auch formell dem neubabyl.-
neuassyr. 𒉺 sig entspricht.¹ Das Zeichen 𒐊 d. i. 𒑊 bed. theils
„spalten, öffnen" theils „strotzen, triefen" (s. 83, 1-18, 1330 Col. III 8 f.:
𒑊 du-u = ma-lu-u und da-ḫa-du, Z. 23: tu-uḫ = duḫ-ḫu-du;
Sᵇ 343 hiernach zu ergänzen). Nehmen wir 𒑊 in dem letzteren Sinne, so bed. ⊢⊨)𒐊) „gnädig sein" eigentlich: voll Huld sein
gegen die Menschen".

---

¹) Für das zweite assyrische 𒊬 (𒉺) sig = arch. ⟨⟩ s. S. 87 ff. Dem Ursprung

§ 16.

Fünfte Serie:

⟨Zeichen⟩, ⟨Zeichen⟩, ⟨Zeichen⟩, ⟨Zeichen⟩, ⟨Zeichen⟩, ⟨Zeichen⟩, ⟨Zeichen⟩,
⟨Zeichen⟩, ⟨Zeichen⟩.

Einer fünften Serie zusammengesetzter Zeichen liegt die Paarung von ◇ (◇, ◁), dem Zeichen für „Masse, Schaar, Vielheit, Überfluss" u. s. w. (šar — _kiššatum_, mâdu, _rabû_, _duḫḫudu_, _sutâbulu_, _duššû_, _nuḫšu_, _gitmâlu_ u. a. m., s. § 68 ff.), und d. i. „gross" zu Grunde. Es entstand aus dieser Paarung das mit vollster Sicherheit (s. sofort) vorauszusetzende Grundzeichen

⟨Zeichen⟩

mit den Bedd. „Masse" (_kiššatu_) und „Machtfülle" (_emûḳu_), das jedoch in dieser einfachen, nicht gunierten Gestalt, soviel ich sehe, stets mit zwei seinen Ursprung ziemlich stark verwischenden Variierungen geschrieben wird, nämlich

⟨Zeichen⟩   und   ⟨Zeichen⟩.

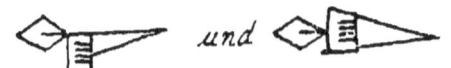

des Zeichens ⟨Zeichen⟩ selbst und damit zugleich der Deutung des § 88 erwähnten Namens _šušuḳu-minnabi_ trete ich hier absichtlich noch nicht näher.

§16. Zusammensetzung ungleicher Zeichen: 〈cuneiform〉, 〈cuneiform〉. 147

Auch diese Zeichenvariierungen¹ bedeuten ebensowohl *emûķu* als *ķiššatu*. S. für ersteres Pennsylv. II Nr. 87 Col. I 23 (〈cuneiform〉), Gudea-B, IV 13 (〈cuneiform〉), I.24 Nr. XIV 2, 2.3, 4 (〈cuneiform〉), für letzteres (also = *ķiššatu*) Pennsylv. I Nr. 5, 5 (〈cuneiform〉), Neb. VI 20 u. ö. (〈cuneiform〉). Jedoch wurde für *ķiššatu* speziell das noch weiter mittelst Gunierung gesteigerte Zeichen gebraucht: theils das gunierte Grundzeichen 〈cuneiform〉 = 〈cuneiform〉 (Neb. I 42. 43) theils die gunierte Zeichenvariierung, geschrieben 〈cuneiform〉 (Gudea-B, V 27), archaisch (Pennsylv. II Nr. 87 Col. I 43. II 10 nebst Varr.) 〈cuneiform〉, 〈cuneiform〉, 〈cuneiform〉 u. ä., wobei die eigenthümliche, auf 2 Paare vertheilte Unterbringung der vier Gunu-Linien besonders beachtenswerth ist (für die neuassyr. Zeichenform 〈cuneiform〉 s. S. 66 Anm.).

Dass übrigens wenigstens das gunierte Grundzeichen auch für *emûķu* (〈cuneiform〉) in Gebrauch war, lehrt die in 83,1-18, 1331 Col. II 6 ff. sich findende babylonische Schreibweise 〈cuneiform〉 (Name: *piriķķu*) für

---

¹) Die zweite von ihnen ist augenscheinlich aus der ersten hervorgegangen. Wie mir scheint, ist die Variierung so zu erklären, dass man den Kreis — denn einen solchen repräsentiert ◇, s. S. 39 f. Anm. — nicht durch 〈cuneiform〉 unterbrechen lassen woll-

Kap. II. Die unbekannten Zeichen: 𒌋, 𒌋, 𒌋.

ni-e = emûḳu, d.i. 𒌋, und lehren nicht minder die aus Komposition mit 𒌋 hervorgegangenen Schriftzeichen für ug und az, welche im Altbabylonischen neben 𒌋 auch 𒌋 (ug) und neben 𒌋 auch 𒌋 (s. Hieroglyphentafel §26) und 𒌋 (az) geschrieben werden.

Das babylonische Vokabular 83, 1-18, 1331 Col. II giebt sowohl dem einfachen 𒌋 (𒌋) als dem aus 𒌋 + 𒌋 zusammengesetzten Zeichen 𒌋 (𒌋) die sumerische Aussprache u-ug mit den Bedeutungen ûmu „Tag", nûrum „Licht", uggu, aggu, Šamaš, umâmu „Thier, Lastthier", la-bu, dannu u.a. Es ist hieraus zu schliessen, dass das zu 𒌋 hinzutretende 𒌋 eine erhebliche Änderung an dem Grundbegriffe von 𒌋 „Machtfülle, machtvoll, powerful" u.s.w. nicht hervorbringt, nicht minder sicher ist aber – und der Gebrauch beider Zeichen bestätigt es –, dass die Bedd. „Tag", „Licht", „Sonne", auch „König" (s. II R 47, 5. 7. 8 c. b) von Haus recht eigentlich mit 𒌋 + 𒌋

te, sondern ihn zunächst abschloss, auf 𒌋 dann aber noch einmal die rechte Hälfte des Kreises regelnd folgen liess. Vgl. weiter §26.

1) Die in HWB u. udmu (S. 26a) ausgesprochene Vermuthung, dass S⁶₂, 13 𒌋-mu, das Äquivalent von 𒌋 (ú-ku), ud-mu zu lesen sei, ist nicht haltbar.

2) Obige Gleichung: ug (𒌋) = dannu dürfte endlich die Lesung des sumerischen

§16. Zusammensetzung ungleicher Zeichen: 〈cuneiform〉, 〈cuneiform〉.

(d.i. 〈cuneiform〉), das heißt: „von lichter, aufstrahlender Machtfülle" oder „machtvoll, gewaltig an Glanz" verbunden waren und verbunden blieben.

Für <u>az</u> ist uns die assyrisch-semitische Bedeutung noch nicht ganz sicher bekannt, sodaß ich zunächst noch darauf verzichte, dieses Kompositum aus 〈cuneiform〉 und 〈cuneiform〉 zu erklären.

Ebendieses geschieht wohl noch am besten mit dem aus 〈cuneiform〉 + 〈cuneiform〉 zusammengesetzten Ideogramm für den „Esel" (<u>ansi</u> – <u>imêru</u>), neuass. 〈cuneiform〉, altbabyl. 〈cuneiform〉, obwohl eine recht ansprechende Erklärung nicht schwer wäre. Nur auf zweierlei möchte ich hinweisen: einmal auf Str. V. 397,5 u.ö., wo der „Pferdehirt" <u>rē'û</u> 〈cuneiform〉 𒀹 〈cuneiform〉 geschrieben ist, das einfache 〈cuneiform〉 (<u>pa</u>, <u>sig</u>) also = 〈cuneiform〉, und sodann auf 83,1-18, 1331 Col. III 13: [<u>si</u>] = <u>i-me-ru-m</u>; <u>si</u>=<u>sig</u>, 〈cuneiform〉!

Ein so abstrakter Begriff wie „Machtfülle" war so recht nach dem Sinne und Wohlgefallen der sumerischen Schrifterfinder, sodaß es nicht verwunderlich ist, daß sie mit dem Zeichen 〈cuneiform〉 noch

---
Adjektivs 〈cuneiform〉 〈cuneiform〉 = <u>dannu</u> ermöglichen, nämlich <u>ug-gi</u>.
1) Die Annahme Jensen-Zimmerns, daß speziell für <u>imêru</u> auch 〈cuneiform〉 gebraucht worden sei, scheint mir noch nicht erwiesen.

weiter operierten. Und so bildeten sie wirklich mit Hülfe von ⟨≣
noch zwei weitere Komposita. Zunächst aus ⟨≣ + ⟨⊢ „Antlitz, Er-
scheinung, Ansehen" ⟨≣⊳ d.i. alim „mächtig, mächtig an Erschei-
nung" o.ä., neuassyr. ⟨≣, S°312 f. durch Bêl, šarru, kabtu erklärt,
und sodann aus ⟨≣ + ⟨≣ „Leben" ⟨≣⊳ (z.B. Neb. II 5') d.i.
ḫuš, ruš, neuassyr. ⟨≣, das bekannte Ideogramm für ruššû,
ruššû mit den mancherlei Bedeutungsnuancen „prachtvoll, herrlich,
großartig, hoheitsvoll" u.s.w., welche alle gemäß der Komposition
des Zeichens auf eine Grundbedeutung wie „lebensvoll, mächtig pul-
sierenden Lebens, vigorosus" zurückgehen dürften. Was die Sumerier
unter tin „Leben" (balâtu) verstanden, kann aus der Benennung
Babylons: Tin-tir d.i. „Wohnung des Lebens" (šubat balâti) ersehen
werden.

S^b 2 ordnet die hier besprochenen Zeichen ganz richtig zusammen,
was um so weniger auffällig ist, als uq und az sogar noch in ihren neubabyl. Formen ≣, ≣ nebst zahlreichen Varianten die Verwandtschaft mit ≣ (d.i. ⟨≣) erkennen lassen. Wir lesen (Z.11) ⟨≣ (pirig-

---
1) Im September 1896 habe ich mich von der Richtigkeit des unterzeichneten

§ 16. Zusammensetzung ungleicher Zeichen: 𒃲.

nêrum), (12) 𒀾 (aga - asû), (13) 𒌋𒌑 (uku - ûmu), (14) 𒉌 (nê - emûķu), (15) 𒁷 𒁹 (tidnu - aḫurrû), (16) 𒆪 (kusu - bûlum); dem zwei-
maligen 𒁹 würden wir die Erwähnung von 𒌍 (Berl. Merodachba-
ladan-Stein I 8: 𒃲!) vorziehen. Sehr lehrreich ist auch in § 7 die
Folge: gi-iz (d.i. 𒁹), a-li-im (d.i. 𒆥), ḫu-uš (d.i. 𒍑), ķi-
iš (d.i. 𒌍), an-ši' (d.i. 𒀭𒅆).

Die ganze 𒁹-Gruppe ist in § 2 eingeleitet (Z. 10) durch 𒆷 (la-
a - lalû). Es beruht dies darauf, daß eine babylonische Schreibweise
von la diese Form hat: 𒆷𒀀 (s. 83, 1-18, 1331, wo es ebenfalls dem Zeichen 𒁹, geschrieben 𒆷𒀀𒅆, vorangestellt ist), 𒆷 also scheinbar
mit 𒁹 verwandt ist. In Wahrheit lehrt die älteste Form von la:
𒆷 (Gudea), 𒆷 u.ä., daß das Zusammentreffen jener beiden
babylonischen Formen nur ein äußerliches ist. Daß übrigens auch
in diesem Ideogramm für la(l) „Fülle, Überfluß" (sem. lalû) ebenso-
wie in jenem für „Masse, Machtfülle", 𒆗, unser altbekanntes
𒂡 „groß" enthalten und also auch 𒆷 ein Kompositum ist, dürf-

in London selbst überzeugt.
†) Vgl. Pinches in PSBA IV, 1882, p. 12 Anm.: The value of an-šú for 𒀭𒅆 is given
on a fragment of a syllabary from Babylon".

le jetzt wohl jedermann einleuchten.

§ 17.

Sechste Serie:

⟨ (𒁹,⟨), ⟨𒐕, ⟨𒐕⊢, ⟨𒐕𒀀.

Wir hatten im bisherigen Verlauf unsrer Untersuchung wiederholt darzulegen, wie die Schrifterfinder neue Zeichen gewannen für Begriffe mit gesteigertem Inhalt mittelst Gunierung, Doppelsetzung, Komponierung mit 𒐏 oder 𒂊 „groß" (vgl. auch die mit ▷ ni „übervoll sein" gebildete zweite Zeichenserie). In dieser sechsten Serie möchten wir etliche Zeichen vereinen, in welcher auf übereinstimmende Weise eine Herabminderung, ja Aufhebung des in ein Zeichen hineingelegten Begriffs erzielt ist.

Schon etliche Mal (z. B. S. 54) geschah des archaischen Zeichens ⟨, ⟨ Erwähnung, welches den Begriff _deprimere_, „nieder-, unterdrücken", intrans. „sich senken", substantivisch „_depressio_, Senkung (Bodensenkung, Loch u. dgl.)" graphisch wiedergiebt. Diesem Zeichen erging es im Neuassyrischen wie dem Zeichen ◇ (Sonne): wie dieses in zwei Variierungen, 𒐕 und 𒐕, auseinandergefaltet wurde,

§ 17. Zusammensetzung ungleicher Zeichen: ⟨⋎.

so stellt sich auch jenes ⌞ in der weiteren Schriftentwickelung theils als ⌞ theils als ⟨ dar, wobei jedoch nicht zu vergessen ist, daſs es noch andere ⟨ sehr verschiedenen Ursprungs gab.¹ Dem Motiv ⌞ entsprechend, wird ⌞ (šû, Name: maštenû) in § 2, 6 ff. unter anderm erklärt durch ašârum (🌑 1) „sich niederwerfen, hinsinken, niederfallen", saḫâpu und karâmu „niederwerfen", adâru „sich verfinstern" (von der Unterdrückung des Lichts), und ähnlich wird ⟨ in der Aussprache šû wiedergegeben durch katâmu „bedecken, überwältigen", saḫâpu „niederwerfen", erêbu ša Šamši „untergehen, von der Sonne", erêbu ša ûmi, u.a.m. (V R 36, 43 c – 5 f). Die Identität von ⌞ mit einer bestimmten Art des Zeichens ⟨ erhellt am klarsten aus dem Verhältniſs von ⋎⌞ (⟨⋎), arch. ◇ ⟨ (s. Pennsylv. II Nr. 87 Col. II 1), und ⟨⋎, welche beide den „Sonnenuntergang" bedeuten: ersteres „Sonne-untergehende (sich verfinsternde)", letz-

---

1) Z. B. die Ziffer ⟨ (u') = 10 (s. V R 36, 1 a. b. c) und ein mit ihr vielleicht identisches, in ugur (⟨⋎) und utaš (⟨⋎⋎) – s. S. 122 Anm. 1 – syllabisch verwendetes ⟨ u. Wie in dem sumerischen Wort ugur „Schwert" (namṣaru, S. 210) d. i. doch wohl das „zerhauende" (s. für gur = kasâmu S. 122), das vorgesetzte u die Bedeutung des zweiten Bestandtheils nicht verändert, sondern nur spezifizirt, so berühren sich auch mehrere mit vorgesetztem ⟨ gebildete Schriftzeichen in ihrer Bedeutung sehr nahe mit den entsprechenden Zeichen ohne dieses ⟨. Vgl. ▽ „Kost, Speise"

teres „Niedergang, Senkung, Untergang der Sonne"; s. S.^{b}82: 𒌓 ú-šu (Lichtes-Unterdrückung) = ereb Šamši.

Dieses „Motiv"[dürfte nun auch in drei andern, vermeintlich einheitlichen Zeichen wiederzuerkennen sein, obenan in dem Ideogramm für „Nacht"(gê, gêg - mûšu), neuassyr. 𒈪, altbabyl. 𒈪, welches als „Unterdrückung (<) der Sonnenstrahlen"(𒁹𒁹 , s. S. 130) zu deuten sein dürfte; die horizontale Legung des Lichtstrahlenmotivs wird behufs der Vermeidung des Zusammenfallens mit der Ziffer <𒐊 18 erfolgt sein. Mit dem Zeichen 𒈪 „Nacht", „schwarz sein" aber hängt auf das Engste zusammen das Zeichen für „schwer, wuchtig, mäßig"(dugud - kabtu), 𒈪—. Die Schrifterfinder fügten zu dem Bilde der auf die Erde sich niedersenkenden Nacht das nämliche Zeichen der „Kompaktheit" ▷ (s. bereits S. 69 und 125), mit dessen

---

(akâlu), 𒌓 „Kost, Verpflegung"(šuku - kurummatu); ⇒, 𒈪 „Stier", <⇒, 𒈪 d.i. nakâpu „einherstürmen, z. B. vom Stier (alpu nâkipu), II 1„ mit den Hörnern anlaufen, niederstoßen"; 𒈪 „Thier"(umâmu, s. S. 148), 𒈪 „Gethier, Vieh" (bûlu); 𒈪 „bewässern"(sun - ruṭubu, narṭabu) und „zerstören"(gul - abâtu) gewiß zusammenhängend mit 𒈪 dúl „ausgießen"(šaḫâḫu, ṭabâku, sarâḫu, 5° 35-37), „hingießen", ein sehr beliebtes Bild für zerstören. Auch das Ideogramm für muḫ „Obenbefindliches, Äußeres", 𒈪, opp. Unterbefindliches, Inneres" (s. HWB 580 b) könnte recht wohl an den Gegensatz von 𒈪 „Mund" und 𒈪 „Herz, Inneres"(s. ibid. 681 a u. šaplânu) geknüpft sein. Endlich s. noch 𒈪 S. 167.

§ 17. Zusammensetzung ungleicher Zeichen: ⟨𒅎⟩, ⟨𒅎⟩.

Hülfe sie dar(a) „finster, umnachtet sein" (da'âmu) durch ⟨𒅎⟩ d.i. „kompakte Umhüllung" graphisch ausdrücken (s. §ᵇ1 Col. III 17), und symbolisierten so mit dem tiefen, undurchdringlichen Dunkel der Nacht, das wie ein Alp, wie eine schwere Last auf die Erde und ihre Bewohner drückt, den Begriff der niederdrückenden Schwere[1]. Daß endlich auch das Schriftzeichen für „krank, Krankheit" (gigmaršu, muršu), „Beschwer" (kibtu, s. K. 40 Col. II 51), neuass. ⟨𒅎⟩, neubabyl. ⟨𒅎⟩ hierher gehört, macht seine äußere Form sowohl wie seine Bedeutung von vornherein sehr wahrscheinlich (auch §ᵇ 150–152 ordnet ⟨𒅎⟩, ⟨𒅎⟩, ⟨𒅎⟩), und ist etwa gar gig (geg) „Krankheit" etymologisch eins mit geg „Nacht", also daß die Sumerier ähnlich wie den Tod selbst auch das „Wetterleuchten des Todes", die Krankheit als „Umnachtung" bezeichneten, so wäre es leicht, das ganze Ideogramm in befriedigendster Weise zu analysieren und erklären. Indeß um ganz sicher zu gehen, erscheint es gerathen, die altbabylonische oder archaische Zeichenform abzuwarten.

---

1) Beiläufig die Notiz, daß ▫ ⟨𒅎⟩ ⟨𒅎⟩ -ia Str. V, 193, 10 Kalbi-ia (s. 192, 24) ist.

Kap. II. Die unbekannten Zeichen: ⟨𒌋𒀭𒉺⟩, ⟨𒉈⟩.

Im Anschluß an diese drei höchst wahrscheinlich mit ⟨ nieder-, unterdrücken, bedecken" komponierten Zeichen seien noch zwei andere, ⟨𒌋𒀭𒉺⟩ und ⟨𒉈⟩, kurz erwähnt, deren ersteres unzweifelhaft auf diese Weise gebildet ist. Es bedeutet „Kopfbedeckung" (nubšu), und das sumerische Wort hierfür sag-šú (Š^b 1 Col. II 24) d.i. „Kopf (𒀭𒉺)-Bedeckung" (vgl. S. 154 oben ú-šú Lichtes-Bedeckung) beweist, daß das vorstehende ⟨ unser ⟨ ist. Das zweite Zeichen, ⟨𒉈⟩, ja nicht zu verwechseln mit dem in §10 S. 90 f. besprochenen, als guniertes ⟨𒆪 erkannten ⟨𒉈⟩, war, wie sein Name gišpu-tukulläku lehrt, noch den babylonisch-assyrischen Gelehrten als ein Kompositum aus ⟨ (Name: gišpu) und 𒉈 (Name: tukullu) bekannt, und die ihm eignende Bedeutung „bedecken, überwältigen" (dul-katâmu, s. Š^b 1 Col. II 9) läßt keinen Zweifel darüber, daß auch hier das ⟨ unser ⟨ repräsentiert. Was das 𒉈 betrifft, so möchte ich nicht an Š^b 1 Col. II 3 denken, wo 𒉈 durch kû = nadû erklärt wird, vielmehr glaube ich, daß das Ideogramm von Haus aus „bedecken" bedeutet und als ein Kompositum aus ⟨(L) + 𒉈 „Kleid" (subâtum, ibid. Z.4) zu deuten ist. Indeß kann man hierüber verschiedener Meinung sein, bis die archaische Form die

§17. Zusammensetzung ungleicher Zeichen: 𒑊, 𒑊. 157

Frage entscheidet.¹

§ᵇ 42 ff. sind die Ideogramme 𒑊, 𒑊, 𒑊, 𒑊 zusammengeordnet. Da das letztgenannte bei Gudea (z. B. C, II 2) die Form 𒑊 hat, werden wir schliessen dürfen, dass alle diese Zeichen mit dem in Rede stehenden ⟨, ⟨ geschrieben worden sind, also als ersten Bestandtheil ⟨ „nieder-, unterdrücken" aufweisen. Für ein Zeichen, welches „Joch" (šudun - nīru) bedeutet, 𒑊, begreift sich eine solche Zusammensetzung leicht genug; aber sollte nicht auch das Feuer, der Feuergott Gibil, der mächtigste Unterdrücker jedweden Bannes, sehr passend 𒑊 (§ᵇ 42)² geschrieben worden sein, d. h. mit einem aus ⟨ + 𒑊 „Fluch, Bann" (aš-arratu, vgl. 𒑊 „Bann", u-ṣurtu, neuassyr. 𒑊) zusammengesetzten, ihn als „Unterdrücker, Niederwerfer des Bannes" charakterisierenden Zeichen? Und wenn die „Beschwörung" (en-šiptu) darin besteht, mit Hülfe des Namens

---

1) In §ᵇ 1 wie in §ᶜ herrscht betreffs der beiden Zeichen 𒑊 ziemliche Unklarheit. Von der missbräuchlichen Anwendung des Namens gišpu-tukultānu auf das gunierte 𒑊 d. i. du(₂) - šubtu etc. in §ᶜ 25 war bereits P. 90 die Rede, aber es will mich auch immer bedünken, als habe das 𒑊 §ᵇ 1 Col. II 9 (vgl. §ᶜ 28) mit ti-lu eine ganz falsche Bedeutung erhalten, eine Bed., welche eigentlich unserm du(₂) = katāmu zukommt. — Zum Namen gišpu (= ⟨, ⟨) vgl. gešpi, den Namen von 𒑊, ⟨⟩, §ᵃ I 33 ff.

2) Oben auf Z. 2 versehentlich ausgelassen.

des Himmels und der Götter die Mächte des Bösen zu unterdrücken und zu vertreiben, so scheint mir auch das Ideogramm für „Beschwörung" [Zeichen] (ein Kompositum wie [Zeichen] d.i. kuš = paršu ša ili VR 19, 33 c. d) sehr verständlich.

§ 18.

Siebente Serie:

[Zeichen] , [Zeichen] ; [Zeichen] , [Zeichen] , [Zeichen] .

In dieser siebenten und letzten Serie vereinige ich noch etliche leichtere sowie drei schwere Schriftzeichen zwecks ihrer Erklärung.

Schon Oppert sah in dem Zeichen für „überschwemmer" (zarahâṣu), neuassyr. [Zeichen], archaisch (Narâm-Sin, Pennsylv. etc.) [Zeichen], [Zeichen] u. ä. das Bild eines kanalisierten Feldes (s. oben § 15 und vgl. weiter EM II 67: „une terre canalisée comme pour la plantation du riz et arrosée par des rigoles"), ohne im Übrigen den eigentlichen Ursprung des Zeichens zu durchschauen. Jetzt wissen wir – und diese Erkenntniss ist ein Kinderspiel –, daß das Zeichen ein Kompositum ist aus [Zeichen] + [Zeichen] d.i. [Zeichen] „füllen"; §¹⁶ bestätigt es, indem es [Zeichen] Z. 180

§18. Zusammensetzung ungleicher Zeichen: [Zeichen], [Zeichen].

in die [Zeichen]-Gruppe ([Zeichen], [Zeichen], [Zeichen]) mit einbezieht, und die Schreibung [Zeichen] [Zeichen] (Pennsylv. II Nr. 87 Col. III 15) demonstriert es ad oculos. Die einzigste Frage ist, wie das [Zeichen] zu erklären. Hilprecht, l.c., p. 41, zerlegt das Zeichen za in „canal" + „to fill". Da ein Zeichen [Zeichen] mit der Bed. „Kanal" meines Wissens nicht existiert, so ist „canal" wohl in dem Sinne „Kanalnetz, Netz von Kanälen" gemeint, das heißt, Hilprecht erkennt in [Zeichen] das in §19 ausführlich zu besprechende [Zeichen] „Netz" wieder. Das ist auch meine Meinung: die Bedeutung paßt vortrefflich, indem das Überschwemmen der Felder mittelst Vollfüllens des Netzes großer und kleiner und kleinster Kanäle mit Wasser geschah, und was die abgekürzte Schreibung [Zeichen] betrifft, so läßt sich auf die Schreibung ebendieses [Zeichen] als [Zeichen] innerhalb des Schriftzeichens [Zeichen] (s. §142) hinweisen (auch [Zeichen] sogar findet sich, s. d.). Völlig sicher wird diese Analyse freilich erst dann, wenn die volle Zeichenform [Zeichen] für za gefunden sein wird — diese Hoffnung aber ist vielleicht schon jetzt aufzugeben[1], s. §19.

---

[1] Bestätigt sich meine in §19 einstweilen noch mit Vorbehalt gegebene Erklärung des Zeichens [Zeichen], dann dürften wir gezwungen sein, uns für das [Zeichen] in Zeichen za nach einer andern Deutung umzusehen bez. weitere archaische Texte abzuwarten, in

Das Zeichen für die „Wasserrinne" (ŝita - râtu), neuassyr. 𒑉, kann von uralters her nicht anders ausgesehen haben als ⊣⊢. Da ‖ das Zeichen für „Wasser" ist (s. S. 130 nebst Anm. 1), so bleibt — über, doch wohl ebenjenes ⊢, welches auch in 𒑉 d. i. iku ŝa nâri „Fluss- oder Kanalrinne" enthalten ist.

So könnten wir noch lange fortfahren, Zeichenkompositionen zu enthüllen und wohl auch zu erklären: die Zeichen kam, bir, šim (rik), šun (ruk) u. a. m.; das Ideogramm für šiptu, neuassyr. 𒑉, neubabyl. 𒑉, altbabyl. 𒑉, ein Kompositum aus 𒑉 = šiptu (s. §1a, 11) + ⟨⟩ „Schaar, Menge"; das Zeichen el „glänzend" (ellu), altbabyl. 𒑉, welches aus ▷ + 𒑉 entstanden sein muss (vgl. 83, 1-18, 1331 Col. III 8-10: ŝi = nûrum, namârum, napâhu ?); ebenso das Zeichen für nig, ein Wort, welches kraft seines Ideogramms 𒑉 unmöglich etwas anderes als „Hündin" (vgl. §24) bedeutet haben kann — doch es muss mit all den Beispielen der §§ 12-18 genug sein. Nur die drei schweren Zeichen 𒑉 dam „Ehegemahl(in)", 𒑉 en „Herr" und 𒑉 mah „hoch, erhaben" verdienen zum Schluss

---

welchen 𒑉 als selbständiges Zeichen erscheint. Vgl. §1 Col. III 10 𒑉 „Feld"??

§18. Zusammensetzung ungleicher Zeichen: ⊏⊐⊢.   161

noch Besprechung.

Das sumerische Wort dam bedeutet "conjux": es bezeichnet sowohl die "Ehegattin, Gemahlin" (aššatu) – ich nenne sie zuerst, weil sie auch schon in dem uralten sumerischen Schriftzeichen den Vortritt hat – als den "Ehegatten, Gemahl" (mutu). Die Schrifterfinder schufen für dieses dam ein Zeichen, welches in seiner altbabylonischen Form ▷⊏⊢ sich klar und deutlich als ein Kompositum¹ und zwar aus drei Elementen giebt: aus ▷ "Weib", aus ⊏ "Umschliessung, Umfassung, Vereinigung" und aus — où est le mari? — ⊢ "Mann". Gewiss eine sehr hübsche Bezeichnung des Begriffs "conjux" – aber kann denn ⊢, arch. ⊢ wirklich den "Mann" bedeuten? Wir antworten: allerdings. Denn genau so wie das Zeichen ⊞ (s. sqou) ursprünglich den "obersten Mann", den "Mann an der Spitze" bedeutete und dann erst ganz allgemein adjektivisch für "hoch, erhaben" gebraucht wurde, genau so bezeichnete ⊞⊢ nun "gross" (s. §10 Schluss) von Haus aus den "grossen Mann", mit andern Worten: ⊞⊢ ist ein weiterer Beweis für die Existenz eines Zeichens ⊢

---

1) In gewisser Beziehung erinnernd an ⊏⊐⊢ (s. den Anfang von §12).

„Mann", weil es ein Kompositum aus ⊣ und den Gunu-Strichen ⫼ ist. Aber, so wird man sagen, welch seltsames, spärlich bezeugtes Zeichen für „Mann"! Wohl wahr; jedoch die Texte aus Nippur helfen von neuem. Sie lehren uns, daß jenes ▷⊟⊣ noch gar nicht die älteste Zeichenform darstellt, sie schreiben ▷⊟ (Nr. 111, 3), ▷⊟ (98, 5), ▷⊞ (98, 2) und beweisen hierdurch, daß die allerursprünglichste Schreibung von „Mann" ⊏—, ⊢—, ⊢— war: neuassyr. ⊢— = zikarum „Mann" (II R 7, 10 c.d)! Jenes ⊣ ist also nur eine – allerdings uralte – Spielform von ⊢—². Und diese Beweisführung wird als unwiderleglich besiegelt durch die weitere Erkenntniß, daß auch nun „groß" nicht nur ⫼⊣, sondern auch ⊢⫼ geschrieben werden konnte, ja ausnahmslos ⊢⫼ geschrieben wurde in dem durch Komponierung von nun „groß" und ☰ „groß" gebildeten Schriftzeichen für „Herr", nämlich ⊢▤, ▤, ▤, ▤ und wie diese archaischen Schreibungen des Zeichens en „Herr" (enu, bêlu), neuassyr. ⫚, sonst

---

1) Vgl. auch ▷⊟ (94, 3), neben ▷⊟⊣ (93, 5).
2) ⊢ ist das phonetisch geschriebene sumerische me „Mann", vielleicht auch enthalten in ⊢⋘ me-eš „Mehrzahl, Menge" (doch vgl. S. 123 Anm.) und an dem Zei-

§19. Zusammensetzung ungleicher Zeichen: 𒈲.

aussehen mögen (beachte noch die Form bei Gudea: 𒈲). Zur Paarung von nun und 𒌋 vergleiche das bekannte 𒀯 𒐊 𒁹 sowie meine Erklärung des Zeichens 𒐋 am Ende von §10.

Wir kommen schließlich zu maḫ „hoch, erhaben" (ṣîru), neuassyr. 𒈦, altbabyl. (Gudea) 𒈦. Welche Gedanken mag sich wohl Hilprecht gemacht haben, als er dieses Zeichen, welches die Texte von Nippur 𒈦 u.ä. schreiben, auf Z. 21 der I. Columne von Lugal-zaggisi's Vaseninschrift (Nr. 87) in 𒌋 𒈦 auseinandergerissen fand und genau so auch in seiner Textausgabe wiedergab? Die scheinbar unerhörte Schreibung bietet den Schlüssel zur Lösung des Zeichenräthsels, indem es das Zeichen maḫ als Kompositum aus 𒌋 d. i. uš „Mann" (s. S. 93) und eingefügtem 𒈦 d. i. maš = ašaridu (bekannt aus dem Königsnamen Šulmânu-𒈦 d. i. ašarid) ausweist: das Ideogramm bedeutete eigentlich zikaru ašaridu (sum. uš bez. nita-maš), „höchstge-

chen, vor allem aber natürlich auch in 𒃲 gal „groß". Beide Zeichen für „groß", 𒃲 und 𒃲 (𒃲), sind also aus ⊢ und den Gunu-Linien zusammengesetzt. Für die ursprünglichste Bed. des Zeichens ⊢ me bin ich geneigt, mit Sayce (o. dex S. 20) „Zunge" zu halten — ist etwa 𒉌 das Urbild? und der von ⌒ ausgehende wagrechte Strich nach Art jenes im Zeichen für „Auge", ⊲, zu beurtheilen?

164   Kap. II. Die unbekannten Zeichen: ⟨⟩, ⟨⟩.

stellter *Mann*" und dann erst ganz allgemein "höchstgestellt, erhaben, hoch", ganz analog den Ideogrammen für "groß", ⟨⟩ und ⟨⟩. Für die von mir durchbrochen geschriebene Hülfslinie in ⟨⟩ und ⟨⟩ s. oben S. 93. Wenn §ᵇ 278 angiebt, daß die Sumerier den Schwiegervater *uš-maš* genannt haben, so wäre es möglich, daß auch dieses *uš-maš(bar*[*]) als "höchstgestellter Mann" zu deuten ist; wenigstens läßt auch das Schriftzeichen für "Schwiegervater"(*emu*), ⟨⟩ [1] (s. K. 2051 Col. III 8), auf eine höchst angesehene Stellung des Schwiegervaters innerhalb der sumerischen Familie schließen: es ist das nämliche, mit welchem auch der hochansehnliche, hochwürdige *bârû* oder "Magier" geschrieben wird (s. §ᵇ 202).

IV. Bildung sekundärer Urzeichen.

§ 19.

1) Das Urzeichen ⟨⟩ und seine Verwandten.

Das vierte und letzte Mittel, mit dessen Hülfe wir in das Verständniß der c. 200 babylonischen Räthselzeichen (vgl. §. 62) eindringen, ist die Erkenntniß, daß die Schrifterfinder aus einigen ihrer

---

[1]) Dies wohl sicher die korrekte und ursprünglichste Schreibweise, nicht ⟨⟩.

§ 19. Sekundäre Urzeichen: Gruppe 𒊬.

Urzeichen neue Zeichen entwickelt haben, welche ich „sekundäre" Urzeichen oder Urzeichen zweiten Rangs nennen möchte. Natürlich spielt auch hier wieder die Komposition eine große Rolle, sodaß das eine und andere Zeichen ebensogut in Abschnitt III abgehandelt werden könnte.

Das Urbild 𒊬 (neuassyr. 𒊬, Geierstele 𒊬) bringt ein Geflecht, wie es aus sich kreuzenden Rohren oder Fäden hergestellt wird, zu einfacher, aber durchaus verständlicher Darstellung. Man bezeichnete damit mit Vorliebe ein vielmaschiges Netz, wie man sich dessen zum Fangen der Fische und des Wildes bediente, aber ebensowohl auch einen geflochtenen Strick, ein Tau u.dgl. (sem. riksu). Und da sich, wie z. B. das assyrische rakâsu (רכס) lehrt, mit „flechten" und „binden" sofort der Begriff des „Fügens, Festfügens, Zusammenfügens" verknüpfte, so erhielt das sumerische 𒊬 oder sa alle die Bedeutungen, wie sie etwa dem assyr. riksu eignen: „Gefüge", „Fuge"

---
wie S^b 278 schreibt, indem es das Zeichen zur 𒊬-Gruppe stellt.
*) Ob das Zeichen 𒊬, #, 𒊬 nicht ebenfalls ein „Netz", näher ein „Vogelnetz" von Haus aus bezeichnet habe – s. K. 4386 Col. III 48: 𒊬 (ᵐᵘ⁻ᵘˢ) = a-ku und vgl. für aku „Netz, Schlinge des Vogelfängers" HWB 41a –, mag wenigstens gefragt werden. In S^b 75 geht 𒊬 dem Zeichen 𒊬 (𒊬) voraus.

(einer Baulichkeit, eines Hauses)", "Band, Sehne (des Körpers)" u.s.w. S. hierfür bereits S. 54 Anm. 1 und S. 142 f. Das Zeichen ⊞ hat keinen eigentlichen Abschluß, es läuft nach rechts hin offen aus; vielleicht schrieb man absichtlich so, um die Hauptbedeutung des zum Einfangen der Beute bestimmten "Netzes" noch weiter zur Anschauung zu bringen.

Ein in sich abgeschlossenes Geflecht oder Gefüge, also z. B. eine aus Rohr geflochtene Hütte oder ein aus aneinandergefügten Schichten von Backsteinen und Rohrmatten gebautes Steinhaus (beachte _rakâsu_ in der Bed. (eine Burg, Tore, Schanzen) bauen", _rukkusu_ einen Bau "fügen"), schrieb man ⊞ d. i. "Hütte, Haus" (_ê - bîtu_), neuassyr. ⊟. Daß diese Interpretation des Ideogrammes für "Haus" die richtige ist, zeigt sich daran, daß ebendieses Zeichen ⊞ (z. B. Pennsylv. II Nr. 87 Col. II 14) auch zur Wiedergabe all jener Bedeutungen diente, welche das Neuassyrische mit dem aus ⊟ differenzierten Zeichen ⊟ verband (S^b 234 nennt _gê - kîtu_ als eine dieser Bedeutungen). Was aber die Grundbedeutung, der Grundbegriff dieses möglicherweise schon von den Schrifterfindern differenzierten, aber schon sehr früh-

§19. Sekundäre Urzeichen: Gruppe 〈sign〉 : 〈sign〉, 〈sign〉. 167

zeitig wieder mit 〈sign〉 ê (bîtu) zusammengefallenen Zeichens 〈sign〉 gewesen ist, lehrt einerseits das mit 〈sign〉 gebildete Ideogramm für den schattigen, den Sonnenstrahlen entrückten „Wohnraum" (nigin-kummu) 〈sign〉 〈sign〉²(S^b 83), andererseits das aus 〈sign〉 + 〈sign〉 entstandene Ideogramm 〈sign〉 mit den beiden Bedd. „Band, Seil" (šita - riksu) und „zum Abschluß bringen, vollenden" (šita - šuklulu, S^b 235f.) - es muß ebenfalls ein in sich abgeschlossenes Gefüge, speziell eine Baulichkeit bedeutet haben, wie das Zeichen ê - bîtu.

Aus 〈sign〉 „Haus" wurde weiter das Zeichen für „Thor" (ka-bâbu) gebildet: neuassyr. 〈sign〉, neubabyl. 〈sign〉, archaisch 〈sign〉 d.i. „Haus-Zugang, Haus-Eingang"; s. für 〈sign〉 = 〈sign〉 = neuassyr. 〈sign〉 §§. 82. 108 und 119f.

Wie aber die Sumerier ihrem Worte für „Netz", sa, meist das

---

1) Auf diese und ähnliche Einzeluntersuchungen kann ich jetzt natürlich noch nicht eingehen. So viel ich sehe, halten die babylonischen Texte ältester Zeit das den Genitiv bezeichnende 〈sign〉 und das im Gottesnamen Bêl, 〈sign〉 〈sign〉 〈sign〉, enthaltene scharf auseinander: jenes schreiben sie (mit zahlreichen Varianten) 〈sign〉, dieses (lil) genau so wie ê-bîtu. Meine Worte auf S. 166 Z. 12 ff. müssen in etwas modifiziert werden.

2) S. für 〈sign〉 oben S. 153 f. Man geht aus dem Hause hinaus in das Sonnenlicht (vgl. 〈sign〉 S. 42) und tritt ein in den 〈sign〉 〈sign〉. Vgl. 〈sign〉 = nissu S^b Col. V 14.

3) S. für 〈sign〉 S. 153 f. Anm.

Epitheton *bara* d.i. „ausgebreitet, hingebreitet" (*šuparruru*) hinzufügten (*sa-bara* „Netz, Schlinge") und die semitischen Babylonier das „Netz" einfach das „ausgebreitete" (*šuparrur[i]-tu*) nennen konnten, so zeigt sich auch graphisch diese enge Verknüpfung beider Begriffe, indem die sumerischen Schrifterfinder „hinbreiten, ausgebreitet" durch ▭), altbabyl. ▭, neuassyr. ▭ wiedergaben ($§^b$237).

Als mit ▭ zusammengehörig erweist sich endlich das in den Gudea-Texten wiederholt vorkommende Zeichen ▭ (A, II 1), auch ▭ (B, V 41. 43) u.ä. (E, II 8. F, III 10) geschrieben, sowie das ihm zu entnehmende, nicht mit ▯ komponierte Zeichen ▭ oder ▭, welches leicht als die noch ältere Form des altbabyl. ▭ *šid, lak* (Neb. I 35. VI 1. VIII 60), ▭ (I 9) u.ä., d.i. des neuassyr. ▭, erkannt wird und nunmehr seinerseits gestattet, das Gudea-Zeichen ▭ dem neuassyr. ▭ mit Bestimmtheit gleichzusetzen. Diese Gleichung steht fest und kann dadurch, daß keine der beiden bislang für ▭ erweisbaren Bedeutungen, weder „Röhre, Wasserröhre" (*pisannu*, *alallu*, *elallu*,

---

1) Nach analogen Fällen vorauszusetzen;) (= ▯?) ist mir noch unklar.

§19. Sekundäre Urzeichen: Gruppe ▥ : ▦ , ▤.

auch *elallû*, s. HWB 736. 477a) noch viel weniger „Tafelschreiber" (s. §ᵇ 238), an den Gudea-Stellen paßt¹, nicht erschüttert werden. Fragen wir aber nach dem Ursprung dieses Zeichens *šit*, *lak*, ▤, welches mit oder ohne (§ 242) ⊓ eine „Wasserröhre", ein „Wasserbehältniß" o. dgl., *pisannu*, bedeutet, so läßt mich wenigstens die Zeichenform Gudea-A, II 1 mit ⬜ als zweitem Bestandtheil nicht darüber in Zweifel, daß die für dieses ▤ vorauszusetzende Grundform ▦⬜ war — ein Kompositum aus ▦ d. i. ▦ „Netz" (hier i. S. v. „Kanalnetz") + ⬜ d. i. ▥ „füllen". Vielleicht war ursprünglich die Röhre oder Rinne gemeint, in welche sich die Eimer des Schöpfrades entleerten und welche dann weiter das befruchtende Naß dem vielmaschigen Netz größerer und kleinerer Rinnsale mittheilte.²

Die in diesem §19 besprochenen Zeichen waren die ersten,

---

1) Von obigen Gudea-Stellen gehören A, II 1. E, IV 8. F, III 10 als gleichlautend zusammen. An Ein *elallû* erinnern sie mich allerdings immer wieder, nämlich an jenes Tig. VII 105 (Trisma B), wo es am Schluße des Berichtes vom Bau des Anu- und Rammantempels heißt: *e-lal-la-a paraṣ* (Apposition) *ilūtišunu raḇîti ina ḳiribšu addi*.

2) Inwiefern obige Deutung von ▤ von Wichtigkeit ist für jene von ▥, ist auf S. 159 dargelegt.

mit welchen meine Untersuchungen zum Ursprung der Keilschriftzeichen begannen. Die Zusammengehörigkeit der Zeichen 𒀭, 𒀯, 𒀳, 𒀮 (𒀫), 𒀱 und 𒀲 (𒀳) nebst 𒀳 stand mir längst fest, als gelegentlich des Zeichens 𒀫 mein Blick auf §ᵇ 232 ff. und die dortige Zeichenfolge fiel: (232) 𒀯, (233) 𒀳, (234-236) 𒀮, 𒀫, (237) 𒀳, (238) 𒀫, (239-243) 𒀮, (244f.) 𒀳, (246f.) 𒀳. Dies zeigte mir sofort, welch gewichtigen Bundesgenossen ich für diese Studien an dem Verfasser von §ᵇ haben würde, welcher augenscheinlich eine vorzügliche Kenntniß der älteren und ältesten babylonischen Zeichenformen besaß und bei seiner Zeichenordnung diese seine Kenntniß in weitem Umfang verwerthete. Gleichzeitig lehrte jene Zeichenfolge freilich auch, daß dem Verfasser von §ᵇ nicht blindlings zu folgen war: bei der Zusammenstellung von 𒀳 und 𒀮 ließ er sich durch den äußeren Schein leiten, und so werthvoll es ist, die ganze Gruppe obiger Zeichen in §ᵇ 231 durch 𒀭 kisal-kisallum eingeleitet zu sehen, das hiernach ebenfalls mit 𒀳 verwandt sein dürfte[1], so ist doch das Zeichen 𒀳, 𒀳 selbst, welches recht eigentlich

---

[1] Sogar die neuassyrische Form des Zeichens trägt die Spuren solcher Verwandtschaft.

§20. Sekundäre Urzeichen: Gruppe 𒀹.

an die Spitze der ganzen Gruppe gehört, zu vermissen (vgl. §ᵇ 187).

Übersicht über die 𒀹 - Gruppe: 𒀹, 𒀹 (𒀹), 𒀹, 𒀹, 𒀹, 𒀹, nebst 𒀹 𒀹.

§20.

2) Das Urzeichen ◇ und seine Verwandten.

Alle Forscher, welche auf babylonischem Boden Ausgrabungen vorgenommen haben, haben übereinstimmend bestätigt, dass die Fundamente aller hervorragenden babylonischen Bauten, also in erster Linie der Tempel und Tempeltürme, derart gelegt sind, dass die vier Ecken nach den vier Himmelsrichtungen ausgerichtet sind. Wenige Zeugnisse mögen genügen. Ménant, Babylone et la Chaldée, Paris 1875, sagt von dem Ruinenhügel Buwarieh (Warka): „Les angles de l'édifice sont orientés vers les points cardinaux. C'est, du reste, la disposition générale des édifices de l'époque chaldéenne, et qui en forme, pour ainsi dire, une des dispositions les plus ca-

---

wie ich glaube, noch zur Schau. Eine seiner Bedeutungen ist *risâl* „gepflasterter Platz". Es hat aber auch die Werthe *bur* und *lel* (§ᵃ 5 Col. IV 14 f.); auch 𒀹 ist *lel* (ibid. 2.8).

1) An dieses Zeichen, neuassyr. 𒀹, schliessen sich dann weiter an die mit Hülfe von 𒀹𒀹 gebildeten Komposita 𒀹𒀹, 𒀹𒀹 und 𒀹𒀹; s. für diese §ᵇ 248-253 und vgl. auch 𒀹𒀹, 𒀹𒀹 = *utul-rê'îtu* „Heerde" (s. HWB).

172 Kap. II. Die unbekannten Zeichen: 𒋼, 𒋼𒂊𒉡.

ractéristiques" (p. 66). Das Nämliche wird von dem Hügel Wusrvas gesagt, und auch von dem Tempelthurm der Stadt Ur (Mugajjar) heißt es (p. 71): „Le monument se compose de deux étages construits sur le plan d'un parallélogramme rectangle, dont les plus longs côtés sont orientés N.-E. et S.-O. Un des angles regarde ainsi le Nord, comme dans tous les édifices d'origine chaldéenne". Die nämliche Thatsache bezeugen die Ausgrabungen in Nippur. So lesen wir bei Hilprecht (l.c., p. 17): „The two longest sides of the base of Ur-Gur's ziggurat faced N.-W. and S.-E. respectively, and the four corners pointed approximately to the four cardinal points". Die sumerischen Urbewohner Babyloniens richteten also die Fundamente ihrer größeren Bauten nach den vier Himmelsgegenden aus und zwar galt ihnen der Norden als die „gerade Richtung" (𒋗𒆪 𒁺)¹ — Konnten die sumerischen Schrifterfinder für den Begriff „Fundament" (te, temen - temennu) ein besseres Schriftzeichen erfinden als ◇ ,

◇, ◇ u. ä., woraus dann altbabyl. ◇ (Gudea), neuassyr. 𒋼 te ?

---

¹) Nach Hilprecht, l.c., p. 17 note 4, ist die semitisch-babylonische Benennung des

§20. Sekundäre Urzeichen: Gruppe 𒌋𒁹 : 𒌋𒈾.

◇ bezeichnete die Ausrichtung nach den vier Himmelsgegenden und das eingefügte | (◇) giebt die Richtung von Süd nach Nord an – das Zeichen ◇ möchte ich deshalb das Richtungs(oder Orientierungs)motiv nennen.¹ Und wenn uns die babylonischen Schriftgelehrten selbst bezeugen, daß das Zeichen für kar „Wall, Mauer" (kâru), altbabyl. ⟨𒀹, neuassyr. 𒌋𒈾, ebendieses Zeichen temmen, ◇, nur mit beigefügtem a, sei², so werden wir es wohl glauben müssen: war der Tempel nach den vier Himmelsgegenden orientiert, so war es naturgemäß auch der den Tempel umschließende Wall, welcher ebendeshalb graphisch sehr wohl als der nach Nord und Süd, Ost und West ausgerichtete bezeichnet werden konnte.

Diese in Babylonien von uralters her gebräuchliche Sitte der

„Nordens", iŝtânu, als „erste" sc. Himmelsrichtung zu deuten. Es ist dies sehr bestechend, aber möglicherweise doch nicht stichhaltig, nicht nur, weil die semitischen Babylonier die vier Himmelsgegenden sonst in dieser Weise numerierten: S=S, II-II=N, O, W (s. BA II 172), sondern auch aus anderen Gründen.

1) Interessant ist die graphische Entwickelung der rechten Zeichenhälfte: ✕ (mit kleiner Verlängerung der Seiten des Winkels), daraus, mit Zusammenfließen der beiden Schwänzchen in eine kurze Linie, ⟩ (s. bereits S. 134), endlich im Altbabyl. ⟩! Jene Verlängerung der Winkellinien ist von Haus aus, wie die Varianten lehren, eine ganz gleichgültige, bedeutungslose und konnte ebenso gut unterbleiben. – Als Verbum bed. das sumerische te „die Richtung nach etw. hin nehmen, sich einer Person oder Sache nähern".

2) Daher der Name temmen(n)âa (S⁵S Col. V 16), vgl. 𒂊𒅁 igittâa (S⁵ II 49), wogegen

Fundamentierung hat ohne Zweifel einen tiefer liegenden Grund: sie wurzelt höchst wahrscheinlich in irgendwelcher mythologischen oder kosmologischen Grundanschauung der alten Sumerier. Ich für meine Person möchte jenen Grund darin finden, daß die Sumerier die Erde überhaupt als nach den vier Himmelsgegenden ausgerichtet ansahen, weßhalb sie ḳi „Erde" (irṣitum) ⟨⬥⟩ schrieben als das „Riesenfundament", nämlich des Himmelspalastes. Es ist dies eine Anschauung, welche auch durch das babylonische Weltschöpfungsepos noch hindurchblickt. Denn wenn dort (IV. 41 ff.) Marduk, damit nichts von Tiâmat entwische, zuerst Süd, Nord, Ost und West Posto fassen läßt, dann Tiâmat in einem an den vier Weltgegenden befestigten Netze fängt, erschlägt, und aus ihrer einen Hälfte die Erde, aus der andern den Himmel bildet, so kann die Gründung der Erde nur unter Ausrichtung nach Süd und Nord, Ost und West erfolgt sein.

Daß die Schrifterfinder mit ◇ (das | kam in Wegfall, sobald etwas anderes hineintrat) nichts als den Begriff des „Richtens" verbanden, zeigt recht klar das mit ⬥, ⬥, 𒆠 nächstverwandte, auch in

─────────

⟨zeichen⟩ 83, 1-18, 1331 Col. IX 7.19 den Namen ḳi-ia-a-(an-)ḳu führt.

§20. Sekundäre Urzeichen: Gruppe [sign] : [sign], [sign], [sign].   175

S^b 185 f. direkt an ki angeschlossene Zeichen [sign], [sign], [sign], welches die folgenden Bedeutungen hat: a) „sich richten, sich wenden, sich zuwenden" (*šilim - šalâmu*), b) „richtig sein" (*šilim - šalâmu*), c) „richten" i. S. v. Recht sprechen, „Gericht" (*di - dânu, dînu*), vgl. *šutêšuru* „richten, regieren" von ✻.

Daß wir mit diesen Erklärungen nicht in Illusionen befangen sind, lehrt überzeugend die Thatsache, daß die beiden Hauptideogramme für „Himmelsgegend", neuassyr. [sign] (*im(i) - šâru*) und [sign] (*ub - tubku, kibratu*), beide das „Richtungsmotiv" enthalten. Während es bei dem ersteren: arch. [sign], altbabyl. [sign], noch mit Händen zu greifen ist, läßt für das letztere sowohl seine archaische Form [sign], altbabyl. [sign], als auch seine engste Verbindung mit [sign] ([sign]) in S^b (309-312) keinen Zweifel darüber, daß [sign] nur eine Zeichenvariierung ist von [sign], nach Art etwa von [sign] gegenüber von [sign] (s. S. 91 f.), und als solche von den babylonischen Gelehrten selbst anerkannt wurde (auch 83, 1-18, 1330 ordnet *ub* und *te* zusammen).

---

1) Zu den beiden Innenlinien vgl. [sign] „groß" (in [sign]) in seinem Verhältnisse zu [sign].

Kap. II. Die unbekannten Zeichen: 𒅎, 𒅎.

Was aber wollen die in dem Zeichen *im*, ⟨⟩⊢, ⟨⟩⊢ (Pennsylv. II Nr. 120, 3 b) zu dem Richtungsmotiv ⟨⟩ hinzugetretenen

∨⊢ ·

Striche? Auch dies scheint mir klar. Jeder Assyriologe weiß, wodurch 𒌒 *ub* und 𒅎 *im* der Bedeutung nach sich unterscheiden: *ub* bezeichnet die Himmelsgegend, *im* dagegen in erster Linie die Windrichtung, also Nord*wind*, Süd*wind* u. s. w. Nun heißt „wehen" (zâḳu) im Sumerischen *zi*: *im-zi* bed. das „Wehen des Windes" (zîḳ šâri, s. II R 5, ³⁵/₅₆ a und weiter HWB u. זעף), dem neuassyr. 𒅎 *zi* entspricht aber im Archaischen (s. Pennsylv. II Nr. 87 Col. I 35. III 33 Var.)

⊢∨

— was kann klarer sein, als daß die sumerischen Schrifterfinder „Windrichtung" graphisch so ausdrückten, daß sie zu „Richtung" (⟨⟩) „Wind" (∨⊢) hinzufügten? Welchen Einblick aber gewährt uns gleichzeitig der Wechsel von ⊢∨ und ∨⊢ nicht nur in die Entstehung speziell des Zeichens 𒅎, sondern überhaupt in das Denken und Schaffen der sumerischen Schriftbildner! Denn obschon ich weder über die Bedeutung von ⊢ noch auch über

§ 20. Sekundäre Urzeichen: Gruppe 19: 𒄃, 𒄃. 177

den innerhalb des Zeichens ri mit dem Motiv ∨ (s. § 22) verbundenen Sinn mich bereits äußern möchte — soviel steht unläugbar fest, daß auch das Zeichen ⊞∨ in zwei Bestandtheile sich auflöst.

Sind, wie ich hoffe, meine Leser gleich mir von dem „Richtungsmotiv" ◇ jetzt überzeugt, dann werden sie gewiß auch noch zwei weitere Zeichenerklärungen gern acceptieren. Was hat der Mensch, was hat das Thier für ein Mittel und Werkzeug (⊟, s. S. 77 f.), Organ oder Glied, das sich nach den vier Himmelsgegenden, nach vor- und rückwärts, rechts und links richten und drehen kann? Der „Hals" ist es, den ebendeßhalb der Perser z. B. گَردَن gerden d. i. den „Dreher" nennt (vgl. vielleicht auch hebr. צַוָּאר), und welchen aus ebendiesem Grunde die sumerischen Schrifterfinder ⊟◇ (s. Pennsylv. II Nr. 87 Col. III 1), altbabyl. (Gudea) ⊞◇, ⊞◇, neuass. 𒄃 (gu-kišâdu) geschrieben haben werden. Und wenn wir das Richtungsmotiv gunieren (≡◇), also das Sich-richten und Sich-bewegen nach Nord, Ost, Süd, West potenzieren und steigern, also daß es zu einem Rotieren wird, und ein Holz (⊟), einen Stab zu solch rotierender Bewegung (in einem andern Holze) bringen

Kap. II. Die unbekannten Zeichen: ⟦cuneiform⟧, ⟦cuneiform⟧.

dann erhalten wir graphisch ⟦cuneiform⟧ ⟦cuneiform⟧, begrifflich aber „Feuer", und ⟦cuneiform⟧, ⟦cuneiform⟧, ⟦cuneiform⟧, ⟦cuneiform⟧ oder wie sonst das Zeichen Pennsylv. II Nr. 87 (Col. II 25 u. ö.) geschrieben sein mag, ist in der That das Ideogramm für „Feuer" (_išâtu_). Diese ältesten Schreibungen des Zeichens ⟦cuneiform⟧, bei Gudea ⟦cuneiform⟧, machen uns, wenn ich sie richtig gedeutet habe, mit der kulturgeschichtlich bemerkenswerthen Thatsache bekannt, dass, gleich den Indern, Griechen, Römern und Deutschen, schon jene uralten Sumerier Feuer erzeugten mittelst Drehung eines Holzes in einem andern.[1]

Noch aber sind wir mit dem Richtungs- oder Orientierungsmotiv nicht fertig. Während ⟦cuneiform⟧ die Richtung nach allen vier Seiten bedeutet, bezeichnete man mit ▷ oder ▷ die Einzelrichtung. Das kleine Schwänzchen rechts seitwärts ist der Verräther, es lässt ▷ bez. das hieraus durch Gunierung entstandene ⟦cuneiform⟧ (neuassyr. ⟦cuneiform⟧) als zur ⟦cuneiform⟧-Gruppe gehörig erscheinen (s. bereits S. 133 f.), nicht minder aber auch das Zeichen _ta_, neuassyr. ⟦cuneiform⟧, altbabyl. ⟦cuneiform⟧, ⟦cuneiform⟧ (Gudea), arch. ⟦cuneiform⟧, ⟦cuneiform⟧, ⟦cuneiform⟧, dessen

---

[1] Auch ⟦cuneiform⟧ „Feuer" könnte mit ⟦cuneiform⟧ „Holz" zusammengesetzt sein. Dass Rev.

§20. Sekundäre Urzeichen: Gruppe ⟨cun⟩: ⟨cun⟩.   179

Grundbedeutung bekanntlich "Richtung", örtlich wie zeitlich (ganz so wie etwa assyr. tarṣu), ist'. Auch hier wage ich über das vorgefügte ⊏ mich noch nicht definitiv zu erklären (⊏ bez. ⊐ wieder = ⊨?).

Übersicht über die ◇, ◇-Gruppe: ◇, ◇‖, ⟨cun⟩, ⟨cun⟩, ◇#, ⟨cun⟩, ⟨cun⟩, ⟨cun⟩, ⟨cun⟩, ⟨cun⟩.

§21.

3) Das Urzeichen ⟨cun⟩ und seine Verwandten.

Daß ⟨cun⟩, ⟨cun⟩, ⟨cun⟩ (Pennsylv. II Nr. 87 Col. III 34), altbabyl. ⟨cun⟩, neu-assyr. ⟨cun⟩, das Bild der "Hand" (šū - kâtu) mit ihren fünf Fingern darstelle, war vom ersten Anfang an klar. Da die Sumerier den "Finger" gern als "Horn" der Hand, ⟨cun⟩ ⟨cun⟩, bezeichneten, so erhellt eine graphische Verwandtschaft zwischen den 5 Linien der Hand und den zweien des Ochsenkopfes, ⟨cun⟩. In ebendieses Bild der Hand enden auch die Schriftzeichen für da und à (sem. id), zwei Wörter,

---

Haughton für das Ideogr. ⟨cun⟩ zu ähnlichen Resultaten wie ich gelangt ist (s. p. 466 ff.), freut mich konstatieren zu können. Aus dem Zeichen für "Feuer" wurde weiter das Zeichen für "neu", ⟨cun⟩ (Gudea-E, VII 16. G, VI 14), entwickelt, im Hinblick auf seinen Gegensatz ⟨cun⟩ d. i. "alt" nicht allzu schwer zu erklären.

1) Daher bedeutet ta als Postposition sowohl ina als uṣṣu (§ᵇ 101 f.), während in dem zusammengesetzten Ideogramm für eṭûtum, enktum "Finsternis", ⟨cun⟩, der Gebrauch von ta an jenen von tarṣu in ina tarṣi tarrasi elâa u. ä. erinnert.

Kap. II. Die unbenannten Zeichen: 〒 und 〒.

welchen beiden völlig übereinstimmend die beiden Bedeutungen „Macht, Kraft" und „Seite" eignen und welche elendeschalb auch in der Schrift nahezu den gleichen Ausdruck gefunden haben¹. Beide Zeichen, _da_ sowohl wie _à_, werden mit einer großen Zahl von Varianten geschrieben und vor allem _à_ hat sich schon aus der Hand der Schreiber Lugal-zaggisi's allerlei Verschnörkelungen und Verunstaltungen gefallen lassen müssen. Eruieren wir aber aus all den mancherlei Schreibungen von _da_ (neuassyr. 〒): 〒 (Geierstele), 〒 (Gudea) 〒 (Pennsylv. II Nr. 87 Col. II 29.37), 〒 (I 9), 〒 (I 26), 〒 (III 23) etc., und aus jenen von _à_, _id_ (neuassyr. 〒): 〒, 〒 (Gudea), 〒 (Dungi, Pennsylv. l. c. 115, 5a), 〒 (Nr. 87 Col. II 41), 〒, 〒 (I 31) etc. die Grundformen beider Zeichen, so erhalten wir für _da_ 〒 und für _à_ (_id_) 〒. Und da beide in eine „Hand" auslaufen, so bleibt nichts anderes übrig, als in dem Zeichen 〒 das Bild eines „Arms" zu erkennen und zwar, wie ich glaube, eines gebogenen rechten Arms in wagrechter Haltung, ursprünglich etwa so vorgestellt: 〒 (Hand, Vorder- und Oberarm). Das Bild

---

1) In der Inschrift des Königs Pargani-ŝar-ali (Pennsylv. I Nr. 2) liegt sogar die An-

§ 21. Sekundäre Urzeichen: Gruppe III: [sign] und [sign].

brachte beide Begriffe „Stärke, Macht" und „Seite" zu passendem Ausdruck. Was wollen aber die vier geknickten Linien, welche in das *da* eingefügt sind, um das neue Zeichen *à* (*id*) zu gewinnen? Ich glaube, ein jeder, der meinen Darlegungen aufmerksam gefolgt ist, wird mit mir zu der Annahme gedrängt sein, dass jene vier Linien nichts weiter als die vier Gunu-Linien sein können. Der Begriff „Stärke" wird ja auch sonst gern durch Gunierung gesteigert (s. S. 147 f.) und ebenso waren zur graphischen Wiedergabe von „Seite" u. dgl. gunierte Zeichen besonders beliebt (s. S. 141). Was aber die Brechung oder Knixung der Gunu-Linien betrifft ( )))) statt ||||), so erklärt sich diese vielleicht schon aus der besonderen Form des Zeichens *da*, jedenfalls ist sie nicht seltsamer als die Entwickelung der Gunierungslinien zu ⋘ in etlichen neuassyrischen Zeichen (s. S. 66 Anm.), was ja auch auf Entstehung aus ⋘ hinführt. Ganz anders urtheilt Hilprecht, welcher (l. c., p. 40) das Zeichen *à* für „a tattooed forearm with hand" hält und in Note 4 dazu bemerkt: „The crossed lines do not represent „an ornamented sleeve" (Bertin), but marks of tattooing. The cuneiform sign without these

nahme nahe, dass [sign] für *da* (§. D. 2.3) und *id* (2.3) gebraucht sei.

marks means "side" (<u>da</u>); with them, it denotes him who is at somebody's side for assistance; he who has the same marks of tattooing upon his arm, therefore has become his "brother". The sign for <u>šeš</u>, "brother", denotes a person as the second child of the same family, while the former expresses tribal relations represented by a common symbol." Diese Worte, denen ich theilweise gar nicht zu folgen vermag, enthüllen allerdings einen tiefen Zwiespalt zwischen <u>Hilprechts</u> und meiner Methode zur Erforschung des Ursprungs der Keilschriftzeichen. Es muss der Zukunft überlassen bleiben zu entscheiden, ob die Sumerier – knapp ausgedrückt – tättowierten oder gunierten.

Zum Schluss dieses Paragraphs noch eine Vermuthung. Das archaische Zeichen für <u>nim, num</u> "hoch sein, obenbefindlich sein" (šakû syn. elû, neuassyr. ⟨⟨T): ▱ (Pennsylv. I Nr. 5, 7.12) und vor allem (II Nr. 87 Col. II 9) ▱ hat mit jenem für <u>da</u> so frappante Ähnlichkeit, dass man unwillkürlich sich versucht fühlt, es mit Anfügung der fünf Finger zu ≣▱ = ≣▱ <u>da</u> zu ergänzen. Mit andern Worten: es hat allen Anschein, als ob die Schrifterfinder das in <u>da</u> mit enthaltene Bild des in den Vorderarm auslaufenden Oberarms verselbständigt und zum graphischen Ausdruck von „oben sein, hoch sein" benützt hätten. Durch Komponierung von 〈cuneiform〉 + 〈cuneiform〉 (gemäß K. 247 Col. III 12 auch = *našû*) d. i.: „hoch, in die Höhe nehmen oder heben" wurde dann weiter 〈cuneiform〉 „tragen, bringen" (*tum-babâlum*) gebildet; s. §ᵇ 357 und vgl. §ᵃ VI 13 f.

Übersicht über die 〈cuneiform〉-Gruppe: 〈cuneiform〉, 〈cuneiform〉, 〈cuneiform〉, vielleicht 〈cuneiform〉.

§ 22.

4) Die Urzeichen 〈cuneiform〉 und 〈cuneiform〉 und ihre Verwandten.

Unter allen Keilschriftzeichen sind mit die am meisten gebräuchlichen jene für *sag* „Kopf, Spitze, Anfang" und für *ka* „Mund". An Schreibungen beider Zeichen seien erwähnt:

sag (*rêšu*): neuassyr. 〈cuneiform〉, altbabyl. 〈cuneiform〉, arch. 〈cuneiform〉;

ka (*pû*): neuassyr. 〈cuneiform〉, neubabyl. 〈cuneiform〉, altbabyl. 〈cuneiform〉, bei Gudea 〈cuneiform〉, 〈cuneiform〉, arch. 〈cuneiform〉 (Geierstele), 〈cuneiform〉, 〈cuneiform〉, 〈cuneiform〉, 〈cuneiform〉 u. s. w. (Pennsylv. II Nr. 86. 87).

Aber gerade diese beiden Zeichen sind am schwersten erklärbar. Sicher ist nur das Eine, daß *ka* aus *sag* entwickelt worden ist. Im

Übrigen aber bleibt manches noch dunkel. Sag, ⟨▭, enthält offenbar das Motiv der „Spitze", ◁ (s. S. 75), aber was will der hineingetretene Strich? so dürfen und müssen wir fragen, nachdem wir oft genug beobachtet haben, daß innerhalb dieser Urzeichen und deren ursprünglichen Zeichenformen keine Linie, und wäre sie noch so klein, bedeutungslos ist. Auch das an ◁ gefügte ▭, erinnernd an den Schlußtheil der Zeichen ▭▭, ⌐ tu (Gudea ▭⌐), ⌐, ⌐, ⌐, ⌐ u. ä. ma, bedarf noch weiterer Untersuchung. Vor allem aber, was bedeuten die 3-4 Linien, welche sag „Kopf" in ka „Mund" umwandeln? Gunierung ist nicht allein begrifflich, sondern auch dadurch ausgeschlossen, daß wir ein guniertes sag bereits haben, s. S. 65. Da sumer. ka sowohl „Mund" als „Thor" bedeutet, hätte es für die Schrifterfinder nahe gelegen, den „Mund" irgendwie als „Öffnung" oder „Eingang" zu bezeichnen; aber konnten die bekannten Striche ⫽ auch – mit Verwischung ihres Ursprungs – ≡ geschrieben werden? Es fällt schwer, sich gerade für ka „Mund" zu einem Non liquet entschließen zu müssen.

Von ✧ mit seinen beiden Bedeutungen „Auge" und „Theil" sowie

§ 22. Sekundäre Urzeichen: Gruppe ⟨〉—: ⟨〉.

der hierdurch veranlaßten Zeichendifferenzierung war bereits S. 139 f. die Rede. Hier möge nur eine Vermuthung noch zur Diskussion gestellt werden, welche das Ideogramm für den „Bogen" (ban — kaštu) betrifft.

Bei dem Zeichen für „Bogen", neuassyr. ⟨〉, neubabyl. ⟨〉, arch. ▷ (Geierstele), ▷〉 (Pennsylv. II Nr. 87 Col. II 38) lautet die Räthselfrage sehr einfach: ▷〉 muß den Bogen darstellen — darüber kann kein Zweifel sein —, wieso ist es ein Bogen? Der Bogen, welchem der Pfeil aufgelegt wird, sieht doch gewiß nicht so aus und konnte so nicht gemalt werden! Gewiß nicht. Aber wie ich gewohnt bin, die Keilschriftzeichen auf ihren Ursprung hin zu betrachten, stellt es sich mir dar als zusammengesetzt aus ▷, dem nach links gewendeten ◁ oder „Auge" und jenem Motiv ∨, dem wir bereits S. 176 f. im Zeichen ⫟∨ begegneten und welches sehr möglicherweise eine Kurve, ⌣ (geradlinig ∨), bezeichnet. Ist dem so, dann würde ▷∨ ursprünglich den Bogen über dem Auge, die Augenbraue zum graphischen Ausdruck gebracht haben und wäre dann zum Ideogramm für „Bogen" überhaupt geworden. Meines Erachtens hätten die Schriftbildner auch ∨◁ schreiben können;

da sie aber den Bogen rechts vom Auge setzten, wendeten sie dieses in wohlbedachter Weise nach der entgegengesetzten Seite.

§ 23.

5) Das Urzeichen ☐ und seine Verwandten.

Daß die Sumerier mit dem Zeichen ☐ (neuassyr. ⌑) den Begriff „(allseitige) Umfassung, Umschließung, umschloßener Raum" verbanden, wurde oft genug in den früheren Abschnitten erwähnt und ist natürlich genug. Für die Zeichenvariierung ◁ s. S. 91, für das mit ☐ wechselnde ⅢⅠ nebst Zeichenvariierung ⅢⅠ s. S. 94 f. Aus diesem Urzeichen ☐ wurde aber noch eine Reihe anderer, sekundärer Zeichen entwickelt.

Zunächst die Zusammensetzungen

a) <u>um</u>: ⊨☐, ⊨☐, ⊨☐ (Pennsylv.), ⊨ⅢⅠ (Gudea), neuass. ⊨ⅢⅠ;

b) <u>dúb</u>: ⊨ⅢⅠ, ⊨ⅢⅠ, ⊨ⅢⅠ, neuassyr. ⊨ⅢⅠ;

c) <u>urudu</u> (<u>erû</u>): ⊏☐, neuassyr. ⊏⊐.

Die Bedeutungen aller dieser drei Zeichen begegnen sich in dem Grundbegriff des „Umschließens, Umfassens", der „Umschließung, Um-

§ 23. Sekundäre Urzeichen: Gruppe 𒌝 : 𒊮, 𒊮𒈨.

fassung". Das Zeichen um bedeutet den „Mutterleib" (vgl. umme-da die „schwangere Frau") und bezeichnet ihn, wie auch sonst (z. B. 𒊮𒈨, s. S. 57. 121 Anm.), als das das Kind „umschließende Behältniß"; das Zeichen dúb bedeutet „rings umschließen, umfassen" (lamû, saḫâ-rum), dann auch „fassen" (ṣibû; dub verwandt mit dib, s. unten),² daher 𒊮𒈨³ „Umschließung des Herzens" i. S. v. „Bedrängniß" (sumug — sûtum, S^b 116) und 𒊮𒈨 „Noth" (samag — umṣatum, S^b 117)⁴; und daß das Zeichen 𒁾 nur eine Variierung von dúb ist, lehrt 83, 1-18, 1335 Col. I 11, wo 𒌷 d. i. dúb durch urudu — erû wiedergege-ben wird, wie denn auch dem neuassyrischen 𒁾 bei Gudea die Schreibung 𒁾 entspricht.⁵ Der erste Bestandtheil des Zeichens dúb kann, wie seine Form 𒁾 bei Gudea lehrt, nichts anderes sein als ⊟, ⊡ (s. S. 77 f.), das Nämliche wird darum auch von den bei-den andern Zeichen gelten; für die bei ⊡ „Mutterleib" anzuneh-

---

1) S. S^b 115: dubba = lamû, S^c 39 f.: dub = lamû, ṣibû, 83, 1-18, 1335 Col. I 1-3.5: dub = lamû, saḫârum, adibtum, ṣibû.
2) Daher wohl auch 𒅆𒊮, Gudea-D, I 13: 𒅆𒊮 urspr. „ins Auge fassen, mit dem Auge erfassen" = „wahrnehmen, erkennen, sehen".
3) Vgl. K. 2034 Rev. Col. II: 𒊮 𒊮𒈨 = ṣibû.
4) 83, 1-18, 1335 Col. I 25 f.: 𒌷 und 𒌷 𒁾 = samag — umṣatum.
5) Wie die Sumerier dazu kamen, mit 𒁾 die spezielle Bed. urudu d. i. „Kupfer"

mende Bedeutungsnüance „Organ" vgl. S.177 ⊏◊ „Hals".

Für das ebenfalls zur Gruppe ☐ gehörige Zeichen ⊏☐⊐, aus welchem weiter das Ideogramm für „Mauer", ⊏☐⊐ hervorgegangen ist, s. den Anfang von §12.

Wie sich schon bei dem Zeichen d i b, wie wir sahen, mit der Bed. „rings umschließen, umfassen" die Bed. „fassen" verknüpft hat, so bildeten die Schrifterfinder aus ☐ noch ein anderes, einfacheres Zeichen für dib „fassen"(ṣabâtu), nämlich ⊞ (Gudea-B, VII 46.47 u.ö.) oder ⊞ (z.B. in der Kopula ⟨⊞), neuassyr. ⊞. Und wie bei den semitischen Babyloniern die Begriffe ṣabâtu und ṣubâtu „Kleid, Gewand" sich auf das Engste berühren, so kann es nicht Wundernehmen, daß aus ☐ weiter noch ⊞ (neuassyr. ⊞, s.S.141f.) „eng anliegende Umhüllung oder Bedeckung" sowie ☰ (neuass.⊞), das üblichste Ideogramm für „Kleid, Gewand"(ṣubâtu), hervorgegangen sind. Daß §⁴1 Col. III die Zeichen ☐ (☐), ⊞, ⊞, ⊞, desgleichen ⋈ (aus Komposition mit ⊞ entstanden) zusammenordnet, wurde bereits in §15 gebührend hervorgehoben.

(oder „Bronze"?) zu verbinden, mag hier ununtersucht bleiben.

§ 24. Erklärung einiger weiterer Urzeichen: ⌂, ⌐.

Übersicht über die ☐- Gruppe: ☐ , ▭☐ , ▭▥ , ⊏☐ ,
⊏☐⊐ , ⊞ (⊞) , 𝄱 , 𝄢 .

§ 24.

Erklärung einiger weiterer Urzeichen.

Nachdem wir in den §§ 9-23 die vier Mittel eingehend dargelegt haben, mit deren Hülfe sich uns das Verständniß der bis
jetzt unerklärt gebliebenen c. 200 babylonischen Schriftzeichen erschließt — Gunierung, Doppelung, Zusammensetzung, Entwickelung sekundärer Urzeichen —, sei es mir noch gestattet, zu einigen Zeichen, welche unzweifelhaft als Urzeichen zu betrachten
sind, etliche erklärende Bemerkungen zu fügen.

Das Zeichen für „Herz" war von jeher als ein Urbild erkannt,
mit Recht, aber nicht in der richtigen Weise. Man glaubte früher,
auf Grund der altbabylonischen Schreibung von ⌂ „Herz" (šà(g)-
libbu): ⊕ , ⊛ (Gudea) als älteste Form ⊛ annehmen zu sollen,
sodaß also das Herz als „Mitte, Centrum" graphisch bezeichnet wäre. Aber die jetzt bekannten archaischen Formen des Zeichens: ◇ ,
♡ (Pennsylv. II Kr. 90) erklären, wie mir scheint, das Bild in weit

natürlicherer Weise — es ist wirklich das Bild, die Abbildung eines Herzens: ♡, geradlinig ◇.

Das sumerische Wort lal vereinigt in sich die Bedeutungen „voll sein"(malû), „wägen"(šaḳâlu) und „sich im Gleichgewicht befinden, schweben" etc. (šuḳalulu), s.§ᵇ 141.144 f. Da eine in einem oben offenen Gefäß enthaltene Flüssigkeit nur dann im Gleichgewicht sein kann, wenn ihre freie Oberfläche wagerecht ist (d. h. wenn die Richtung der Schwerkraft auf ihr senkrecht steht), so begreift sich ebensowohl die Vereinigung der beiden Bedeutungen „voll sein" und „wagerecht sein" in dem Einen Worte lal als auch die graphische Darstellung dieses Wortes mittels des Zeichens ⌐ (Pennsylv. II Nr. 112,2), neuassyr. ⌐. Wort und Zeichen lehren uns, daß schon die Sumerier an einem vollen Gefäß den wagerechten Flüssigkeitsspiegel beobachteten.

Während nun die Schrifterfinder dem gedoppelten lal, ⌐⌐, neuassyr. ⌐⌐, die Bedeutung „sich im Gleichgewicht befinden" reservierten (vgl. S. 44), schufen sie für den Begriff „sehr voll, übervoll sein, strotzen" aus ebendiesem gedoppelten Motiv ⌐⌐ mittels leich-

§ 24. Erklärung einiger weiterer Urzeichen: ▱, ▱⊣.

ter Variierung ein neues Zeichen ▱, ▱ (neuassyr. ▱), dessen wahrer Ursprung aus der Schreibung ▱ (Pennsylv. II Nr. 87 Col. II 45) noch klar erhellen dürfte. Vgl. auch die sonstigen Varianten für *ni*, ▱, ▱ u. s. f.

Schon Oppert (s. oben S. 16) hielt das Zeichen ▱⊣ *ur*, altbabyl. ▱, arch. ▱ für das, allerdings sehr rohe, Bild eines „chien couché". Ich bin sehr geneigt, dieser Ansicht mich anzuschließen, nicht nur wegen des zu einer solchen Bedeutung sehr gut passenden weiblichen ▷▱ (s. S. 160), sondern vor allem deßhalb, weil der Name *kalbu*, welchen die semitischen Schriftgelehrten dem Zeichen gegeben haben (S^a II 22 ff.), in Übereinstimmung mit andern semitischen Zeichennamen (z. B. *alu* S^a 3, 11, *kistum* S^a VI 20, *bîtum* S^a 5 Col. IV 14, *kišâdu* ibid. V 6 ff., *parakku* u. a. m.), den Schluß gestattet, daß ihm die ursprünglichste Bedeutung des Zeichens zu Grunde gelegt ist.

Die alten Sumerier waren im Rechnen und Messen vorzüglich bewandert, und es versteht sich leicht, daß allerhand arithmetische und geometrische Verhältnisse, Begriffe und Zeichen auch in die Bildung der Schriftcharaktere hineinspielen. Es könnte mit Leichtigkeit eine ganze Abhandlung über diesen Punkt geschrieben werden: über die Bedeutsamkeit der Zahlzeichen ⌐, ٢, ⊨ (vgl. S. 45 ff.), ⋘, ⋙, der Bruchzahlen ⟊, 𝕀' u.s.w. für die babylonische Schriftentwickelung. Ich erinnere hier nur daran, daß das mächtigste „Motiv" innerhalb der sumerischen Schriftbildung, die Gunierung (≡, ⦀), arithmetischen Ursprungs ist, und erinnere weiter an die Fülle von Schriftzeichen, welchen der Kreis ○ (= ◇, ⌾) den Ursprung gegeben. Andere hierher gehörige Zeichen, wie z. B. ⊨⟨⊏, einstweilen bei Seite lassend, möchte ich hier nur noch die beiden Zeichen ⊨ *i* und 𝕎 *ia* erwähnen. Es sind dies von Haus aus, wie die Fünfzahl der Linien bez. Keile beweist, das Ideogramm und die Ziffer für „fünf, 5", sum. *i* oder *ia* (vgl. *i-min* 7 = 5+2, *i-lim* 9 = 5+4)². Ebendieses Zeichen ⊨ wurde aber auch als Schriftzeichen für *i* „erhaben sein" (*nâdu*), *i-a*, geschrie-

---

1) Man könnte sich den Kopf zerbrechen, um herauszubekommen, warum die Sumerier 1/3 = 20/60 𝕀𝕀, 2/3 = 40/60 𝕀𝕀𝕀, 5/6 = 50/60 𝕀𝕀𝕀𝕀 schrieben — wer kann dieses Rätsel lösen?

2) S. für die sumerischen Zahlwörter die lichtvolle Darstellung in C.F. Lehmanns „Šamaššumukîn", Leipzig 1892, S. 128 ff.

§ 24. Erklärung einiger weiterer Urzeichen: [Zeichen].

ben [Zeichen] „Erhabenheit" (*tanittum*) verwendet, wobei es gleichgültig ist, ob die Sumerier mit der Zahl 5 (*i*) den Begriff der Erhabenheit verbanden oder ob *i* „fünf" und *i* „erhaben" nur äußerlich Homonyme sind.

Unsere Untersuchung des Ursprungs der Keilschriftzeichen würde indeß, trotz aller Zeichenerklärungen, recht unvollkommen sein, wenn es uns nicht gelänge, Ein Zeichen zu erklären, an welchem so vieler Assyriologen Scharfsinn (s. oben SS. 16 Anm. 2. 23. 30. 51 Anm. 1) sich vergeblich versucht hat, — das Zeichen für „Mensch". Welchen Begriff oder welche Anschauung hatten die sumerischen Schrifterfinder vom Menschen, daß sie für „Mensch" das Zeichen

[Zeichen]

schufen? Bis auf die vier Gunu-Linien, welche sehr bemerkenswerther Weise Ein Mal, nämlich in einer Variante des Königszeichens, [Zeichen] (Pennsylv. II Nr. 86 Z. 3), auch fehlen, ist das Zeichen einheitlich, wir können es nicht in zwei andere selb-

---

1) S. hierfür das babylonische Duplikat von S^c, 81, 7-23, 9 (am 14. Okt. '96 von

ständige Zeichen zerlegen, es muss also das <u>Bild eines Menschen</u> sein. Aber es ist kein stehender Mensch, sondern – in rohen Umrissen, die den sonstigen „Motiven" der babylonischen Schreibkunst konform sind¹ – ein Mensch, welcher hingestreckt, auf das Antlitz niedergeworfen, anbetend vor der Gottheit den Erdboden küsst. Wie der König Sanherib am Schlusse der Bawian-Inschrift sagt, dass er ein Bildniss seiner Majestät in anbetend niedergeworfener Stellung habe anfertigen lassen², so fanden die Sumerier für den Menschen, welchen sie, durchaus analog dem semitischen ⟨...⟩, als Diener, Sklaven, ja Hund der Gottheit ansahen, keinen passenderen graphischen Ausdruck als ⟨...⟩, das Bild tiefster, allertiefster (vielleicht bezwecken die Gunu-Linien die Steigerung nach dieser Seite hin) Unterwürfigkeit unter die Götter. Die ganze sumerisch-babylonische Religion und Religionsübung ist in diesem Ideogramme für „Mensch" (<u>lu-amêlu</u>, neuassyrisch ⟨...⟩) zu typischem Ausdruck gelangt.

---

mit kopiert), welches in Col. I ⟨...⟩ durch <u>ri-a-du</u>, ⟨...⟩ durch <u>ta-ni-it-tum</u> erklärt.
1) Ich meine ⟨...⟩ „Kopf" (hier nachend ⟨...⟩) und ⟨...⟩ „beugen, sich beugen".
2) Senh. Baw. 55 f.: <u>salam sarrûtia lâkin appi mahar šun ulziz</u>.

§25. Ergebnisse.

Fassen wir die Ergebnisse unserer Untersuchung zusammen, so können wir bei rein äußerlicher Betrachtungsweise etwa sagen, daß von den 212 Keilschriftzeichen (vgl. §61), deren Ursprung früher unerkannt geblieben waren, 140 um ein Bedeutendes klarer geworden sind:

von Sylbenzeichen[1] _a_ _i_ (_ia_) _u_, _ba_ _be_ (_bad_) _bu_ (_gid_) _ab_ _ib_ _ub_, _gi_ (nebst _ge_) _gu_ _ig_ _ug_, _da_ _di_ _ad_ _id_, _za_ _zi_ _zu_, _ḫi_ _aḫ_ _iḫ_, _ki_ _ku_, _li_ _lu_ (_dib_), _mi_ _mu_ _im_ _um_, _na_ _ni_ _ne_ _en_ _un_, _sa_ _si_ _se_ _su_, _ṕi_, _ši_, _šu_, _ša_, _iš_ _uš_, _śa_ _śu_ _ta_ _te_ _tu_ (= 50);

bab _bal_ _ban_ _bar_ _bár_ (_dag_) _biš_ (_niz_) _bur_ (-ᵅᵐᵃ), _gab_ _gaz_ _gal_ _gam_ _gan_ _gir_ _gul_ _gur_, _daḫ_ _dam_ _dim_ _dir_ _dub_ _dul_ _dun_, _zab_ (_bir_) _zag_ _zur_, _hal_ _huš_, _tar_, _kak_ _kas_ _kar_ _kil_ _kiš_ _kul_ _kur_ _kuš_ (_šuš_), _liḫ_ _lum_, _maḫ_ _meš_ _mug_ _muḫ_ _muš_, _nig_ _nim_ _nun_, _sig_

[1] Vom assyrischen Standpunkt aus, den ich hier aus praktischen Gründen wähle.

(zweimal) sir suḫ, pád, rad, šeš šit šuk, tag tar tik tir tur (=60);

von Ideogrammen amêlu šarru rê'û (siba) nappaḫu ardu libbu kablu bîtu bâbu dûru šubtu (𒀸 und 𒁹) tarbaṣu isdu emûku (𒂅) imêru kabtu marṣu (gig) damâḳu (gišimmaru) šipâtu (síg) erinu abnu kuppu (𒅎) sâ (ú, 𒁹𒁹) erû (𒂖) rapšu (dagal) gur (𒄖) šiptu (𒄿𒀀) gibil (𒉈) šiptu (𒀹) (=30).

Zu diesen 140 kommen 20 andere Zeichen, deren Charakter als Komposita oder Gunu-Zeichen erwiesen sein dürfte und welche nur noch im Einzelnen der Erklärung harren: az uz ka la el in ki ri ar, zig ḫar tur kit kun mir sab sag šaḫ, nîru šakânu (mal, gá), sowie 2, für welche wenigstens die Deutung versucht wurde: ú und ul.

Die Untersuchungen, welche die vorliegende Schrift inauguriert, sind so subtil und die Resultate so weittragend, daß ich absichtlich mit einer nicht unerheblichen Anzahl von Zeichenerklä-

§ 25. Ergebnisse.   197

rungen, theilweise vielleicht besonders ansprechenden, noch zurückhalte, bis ich beurtheilen kann, welche Aufnahme die hier vorgelegten Studien bei kompetenten Kritikern finden. Ist diese günstig, so glaube ich, würden auch die Zeichen _e_ _ga_ _ag_ _hu_ (nebst _mud_) _ma_ _nu_ _pa_ _úr_ _ša_ (_gar_) _aš_ _iš_ _ti_, _bil_ _bur_ (⌬) _sim_ _rab_ _tin_ _tuk_, auch _kar_ und _šur_ (nebst ⌬), und vor allem _nam_¹ _tum_, _alu_ (⌬) _eklu_ (⌬) _edinu_ _elippu_ _ellu_ (⌬) _arkâtu_ (_egir_) und _nikû_ (⌬) ihrer Erklärung keine unübersteiglichen Hindernisse in den Weg legen. Insonderheit bin ich gespannt, ob betreffs der Zeichengruppe: neuassyr. ⌬ „sich schlafen legen" (na- _utûlu_), bei Gudea ⌬; ⌬ „Bildniß" (_alam- salmu_), arch. ⌬ oder ⌬; ⌬ „kundthun" (_ša-nabû_), bei Gudea ⌬, meine Erklärung mit jener meiner Fachgenossen zusammentrifft.

Gänzlich dunkel sind mir zur Zeit noch _bi_ (_šim_) _tu_ _al_ _il_ _šu_ _ka_ _ru_, _gad_ _zib_ _rab_ _kal_ _kat_ _kib_ _lam_

---
¹) Ich deute freilich ⌬ (desgl. ⌬) total anders wie Hilprecht (l.c., p. 35).

lid liš lub mar mun šir, enzu (Ziege) epinu šuru (𒀭𒁺); für mehrere von ihnen kennen wir allerdings auch noch nicht die archaischen Formen.

Indeßen, möchte auch die Zahl der von mir erklärten Zeichen als eine geringere sich herausstellen – auf das Mehr oder Weniger kommt es nicht so sehr an, die Hauptsache sind die prinzipiellen Ergebniße betreffend den Ursprung der Keilschriftzeichen. Und diese Prinzipien möchte ich kurz folgendermaßen zusammenfassen:

1) Die Keilschriftzeichen sind aus ziemlich primitiven, geradlinigen Bildern hervorgegangen d. h. Darstellungen von Sonne, Mond und Stern, Gebirg, Mensch und seinen Körpertheilen, Thieren, Pflanzen und Geräthen.

2) Neben diesen „Urbildern" gab es aber auch eine Anzahl konventioneller „Urzeichen" oder „Motive" zum graphischen Ausdruck von „biegen", „niederdrücken", „umschließen", „lang sein" u.a.m. Ein Theil dieser Urzeichen ist mathematischen Ursprungs. Besonders gute Dienste leistete den Schrifterfindern das sogen. „Steigerungsmotiv",

§ 26. Die „Hieroglyphentafel." 199

bestehend in den vier Potenzierungs-oder Gunierungslinien.

3) Die Zahl aller Urzeichen, der „Urbilder" sowohl wie der „Motive" zusammen, dürfte 45 nicht weit übersteigen.

4) Sämtliche übrigen c. 400 Schriftzeichen sind aus sinnreicher Komponierung dieser 45 Urzeichen hervorgegangen.

5) Ein kleiner Theil von Schriftzeichen wurde auch durch Zeichendifferenzierung gebildet — ein Verfahren, welches durch alle Stadien, die älteren wie die jüngeren, der Keilschriftentwickelung hindurch sich beobachten läßt (vgl. z. B. ⊲ und ⊲, ⌊ und ⟨, ◁ und ◁, ⧨ und ⧨). In die Periode der Schriftbildung geht unter andern die Differenzierung zurück von ◇, ◇ und ◇, ▯ und ▯, ∥ und ∥, ▱ und ▱, □ und ◁, ◇ und ⊠, ⌐ und ⌐ (▷).

§ 20.

Die „Hieroglyphentafel".

Die vorstehenden Ergebnisse scheinen mir auf so folgerichtigem Weg errungen zu sein, daß auch die sogen. „Hieroglyphentafel", ja gerade diese am allerwenigsten, sie nicht zu erschüttern vermag.

Kap. II. Die unbekannten Zeichen: die „Hieroglyphentafel".

Wir verstehen unter „Hieroglyphentafel" zwei aus Assurbanipals Bibliothek zu Nineve stammende Tafelbruchstücke, auf welchen einzelnen in älterer babylonischer Schrift geschriebenen Keilschriftzeichen, z.B. ra nam ab az gir (⧫); tar sal nin bit e id, linkserlei Figuren beigefügt sind, oft einem und demselben, durch mehrere Zeilen hindurch wiederholten, Zeichen mehrere Figuren, z.B. bei id drei, bei gir mindestens vier. Beide Fragmente sind wiederholt ganz oder theilweise, von Ménant auf p.51 f. seiner Leçons d'épigraphie assyrienne (Paris 1873), am besten von Houghton in seiner oben S.20 f. citierten Abhandlung veröffentlicht worden, und so verlockend es auch wäre, beide Fragmente noch einmal zu edieren und unter Hinzunahme des inhaltlich verwandten Bruchstücks 81,7-27, 49/50 vollständig zu besprechen, so muss ich mich hier doch darauf beschränken, an 3-4 Zeichen den Charakter der Tafel zu demonstrieren, im Übrigen auf Houghtons Ausgabe verweisend. Da die Zeilen, welche sich mit az, gir (⧫ emûku, auch für šêpu „Fuß" mit verwendet) und id beschäftigen, die best erhaltenen sind, so wähle ich diese Zeichen.

§ 26. Die „Hieroglyphentafel".

1) Dem Zeichen ⟨bild⟩ (d. i. archaisch ⟨bild⟩, älter ⟨bild⟩, noch älter ⟨bild⟩, s. oben S. 146) sind die Figuren beigeschrieben:

⟨a⟩, ⟨b⟩, ⟨c⟩, ⟨d⟩.

2) Dem aus ebendiesem Zeichen + za gebildeten Kompositum az,  sind beigefügt:

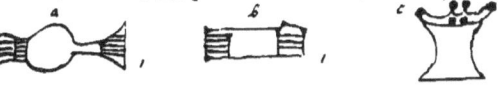

3) Das Zeichen ⟨bild⟩ id (d. i. archaisch ⟨bild⟩) hat die Figuren:

⟨a⟩, ⟨b⟩, ⟨c⟩.

Überblicken wir diese Figuren und Zeichen, so steht von vornherein so viel fest, einmal, daß die Figuren zu dem Zeichen, dem sie beigeschrieben sind, wirklich die allernächsten Beziehungen der äußeren Form nach haben¹, sodann, daß die Figuren nicht Bilder bestimmter Gegenstände sind. Was das Erstere betrifft, so genügt es auf Nr. 2 hinzuweisen – alle 4 Figuren sind irgendwelche graphische Gestaltungen des nämlichen Zeichens az; auch bei Nr. 3 sind die Figuren a und b im Grunde eins und ebenso wie c (s. weiter unten) nur

---

¹) Einer anderen Vermuthung gab Oppert in EM II 66 Ausdruck: „Si nous possédions plusieurs [de telles tablettes], nous pourrions facilement constater si l'image placée à côté représente toujours la figure qui a donné naissance à la lettre,

andere Gestaltungen des Zeichens id. Was aber die vermeintlichen Bilder anbelangt, die so herrlich und unwidersprechlich klar den Ursprung einer Fülle von Keilschriftzeichen je aus einem besonderen Bilde darthun sollen¹, so vermag ich beim besten Willen nicht, in jenen Figuren Bilder, bildliche Darstellungen irgendwelcher Gegenstände zu erkennen. Wenn Oppert (EH II 66) in der Figur 3ᵇ geneigt ist einen Sarkophag zu erblicken, Sayce (Lectures upon the Assyrian Language, p. 13) und Houghton dagegen die damit identische Figur 3ᵃ für einen Kamm halten (die alten Sumerier sollen den "Arm", die "Kraft" durch das Bild eines Kamms graphisch bezeichnet haben!), so ist damit allein schon jene ganze Anschauung von der „Hieroglyphen"tafel und der unerhörte mit ihr getriebene Mißbrauch gerichtet. Sehe ich recht, so sind auf dieser Tafel Versuche gemacht, die babylonischen Keilschriftzeichen auf ihre etwa möglichen Urformen zurückzuführen. Der betreffende Gelehrte wußte sehr wohl, daß für die vorauszusetzenden Urformen sehr oft gebogene Li-

---

ou si celle-là indique quelquefois encore l'objet que le signe cunéiforme exprime subsidiairement comme monogramme."

1) sodaß also statt 45 etwa 200 und mehr „Bilder" anzunehmen wären

§ 26. Die Hieroglyphentafel. 203

nien anstatt der geraden anzunehmen seien: er übertrug deßhalb das Zeichen ⌑ ab (arch. ⌑) in ⌑ und ⌑, er schrieb den mittleren Theil des Zeichens id, ⌑, einmal (3ᵇ) geradlinig und einmal (3ᵃ) krummlinig, u. s. w. Es war ihm ferner bekannt, daß das Zeichen ⌑, ⌑ auf das Bild des Kreises zurückgeht, daher die Figuren 1ᵃ, 1ᵇ, 2ᵇ, 2ᶜ, welche unsere eigene Ansicht von der Natur des Zeichens ⌑ (gegen Hommel) erfreulichst bestätigen¹. Und da ihn seine paläographischen Studien gelehrt hatten, daß das Zeichen ⌑ auf alten Denkmälern oft als • erscheint, so versuchte er es bei dem Zeichen id mit dieser Wiedergabe der 6 eingefügten ⌑, sodaß also auch Figur 3ᶜ (und damit auch 1ᵈ) sich als eine graphische Umgestaltung des Zeichens id (bez. giz), nicht als eines seiner Urbilder (ohnehin eine contradictio in adjecto), ausweist. Mit dem Gesagten, das sich noch weiter ausführen ließe, mag es für unsere Zwecke hier sein Bewenden haben – ich könnte diesen § 26 nicht mit richtigeren Worten beschließen als Oppert in EM II 66 seine Ausführungen über die „Hieroglyphentafel" beschlossen hat: „Du reste,

---

¹) Während ich auf Grund der ältesten archaischen Formen in dem Schlußtheil

il ne faut pas oublier que la rédaction de cette tablette unique ne remonte pas à une époque bien reculée, et qu'elle ne date que du milieu du VIIe siècle avant l'ère chrétienne.... L'examen des formes antiques des lettres fut déjà, à cette époque, un travail archéologique, et, dans ces sortes de recherches, il faut faire la part de la capacité personelle, qui a pu souvent manquer aux rédacteurs de l'encyclopédie royale".

§27.
Rückblick auf S^b.

Wir schließen dieses zweite Kapitel mit einem Rückblick auf S^b, dessen Zeichenordnung uns ja so viele gute Dienste geleistet, und kommen damit auf die bereits S. 52 f. Anm. berührte Frage zurück. Lenormant hatte über die ursprüngliche Abfassungsweise von S^b nicht den mindesten Zweifel: auf Grund der Zusammenordnung von 𒆸 und 𒀭, 𒂍 und 𒂗, 𒁹 und 𒁹, 𒀸 und 𒀸, 𒂍 und 𒉿, 𒀭 und 𒀭, kam er (s. Les Syllabaires Cunéi-

---

> des Zeichens 𒀸, 𒀸 nur eine nachträgliche Wiederaufnahme des zu frühzeitig geschlossenen Einen Kreises, 𒀸, sei, sich der assyrische Gelehrte darin offenbar den Überrest eines ursprünglichen zweiten Kreises.

§ 27. Rückblick auf S^b.

formes, Paris 1877, p. 70 f. zu dem folgenden Schluss: „Les Syllabaires à trois colonnes ont été rédigés dans le temps où le type d'écriture archaïque était encore seul en usage, c'est-à-dire, au plus bas, antérieurement au XIVe siècle av. J.-C." Von der letzteren Zeitbestimmung zu schweigen, so ist gewiss soviel zweifellos, dass der Verfasser des Syllabars S^b eine vortreffliche Kenntniss der altbabylonischen, ja der älteren und ältesten Zeichenformen überhaupt besass und für seine Zeichenordnung in lehrreicher Weise verwerthete (s. bereits S. 170). Es imponirt in dieser Hinsicht vor allem die Zusammenstellung von neuassyr. 𒀀 (𒀀, 𒀀) und 𒀀 d. i. neubabyl. 𒀀 und 𒀀 (S^b 96 ff.), welche in den ältesten Formen dieser Zeichen, ⇒ und ⇒ (⇒), begründet ist; nicht minder verdient die Zusammenordnung der 𒀀-Zeichen (S^b 2, 2-9) und der 𒀀-Zeichen (S^b 231 ff.) hohe Anerkennung. Trotzdem möchte ich nicht mit <u>Lenormant</u> den Schluss ziehen, dass die erste und ursprüngliche Redaktion von S^b zu einer Zeit erfolgt sein müsse, als die altbabylonische Schrift noch in allgemeinem Gebrauch war, und zwar dess.

halb nicht, weil sich die Zeichenfolge in S^b auch durch die neubabylonischen Zeichenformen unbestreitbar stark beeinflußt zeigt. So erklärt sich die Zusammenstellung von 〖cuneiform〗 und 〖cuneiform〗 in $S^b 1$ nur bei Annahme eines neubabylonischen Originals (s. S. 144 f.), ebenso jene von 〖cuneiform〗 und 〖cuneiform〗 in $S^b 2$ (s. S. 151), durch welch letztere auf den besonderen Schriftcharakter des babylonischen Originals noch weiteres Licht fällt. Auch die Einbeziehung von 〖cuneiform〗 „Ziege" in die 〖cuneiform〗- Gruppe (S^b 286) sowie die Aufnahme von 〖cuneiform〗 (S^b 132) unter die 〖cuneiform〗- Zeichen wegen seiner Ähnlichkeit mit 〖cuneiform〗 spricht gegen ein altbabylonisches oder archaisches Original. Übrigens ist darauf besonderes Gewicht zu legen, daß dem Verfasser von S^b nichts ferner lag als über den Ursprung und die Urbedeutung der Keilschriftzeichen unterrichten zu wollen. Es erhellt dies daraus, daß er auf die richtige Reihenfolge der Zeichen*bedeutungen* gar nicht Bedacht nimmt, ja nicht selten gerade die Bedeutung, welche wir als die Urbedeutung des Zeichens feststellen zu können meinen, überhaupt nicht mit anführt. So nennt er *napšaku* bei 〖cuneiform〗 erst an letzter

§ 27. Rückblick auf S^b.

Stelle, giebt er für 𒀭 bez. 𒁹 lediglich die Bedeutung *dupsar-ru* bez. *lagaru* und führt er weder für 𒆳 *kâru* noch für 𒀉 *alâdu* mit unter den Bedeutungen auf. Es ist dies für uns ein Fingerzeig, daß wir uns durch die Bedeutungen von S^b nicht beeinflussen lassen dürfen, daß also z. B. die in S^b 75 für 𒁹 allein angegebene Bed. „Pflanze, Pflanzenwuchs" für die Urbedeutung dieses Zeichens nicht das Geringste präjudiziert. Inwieweit die Nichtzusammenordnung der Zeichen 𒁹 und 𒁹, von 𒁹 und 𒁹, von 𒁹 und 𒁹, von 𒁹 und 𒁹 u.s.w. die unrichtige Einordnung von 𒁹 (siehe S. 59 f.); und anderes mehr¹ einen Schluß auf das Maß der paläographischen Kenntnisse des Verfassers von S^b gestattet, wird schwer auszumachen sein. Für uns bleibt einstweilen die Thatsache bedeutsam, daß ein babylonischer Schreiber etwa in der Zeit des Königs Purnapuriaš, also im 15. vorchristlichen Jahrhundert, über die ältesten Formen seiner Schriftzeichen wie *gud* und *ta*, über

---

¹) Ganz rätselhaft ist, daß 𒁹 in S^b 187 von 𒁹 losgerissen und zwischen 𒁹 und 𒁹 eingereiht ist. Und wie kommt in Z. 128 𒁹 𒁹 zwischen die 𒁹- und 𒁹-Gruppe? und in Z. 165 𒁹 zwischen die Zeichen *dim* und *mur*?

die enge Verwandtschaft von ⟨⟩ und ⟨⟩, von ⟨⟩ und ⟨⟩ u.s.w. noch vollkommen unterrichtet war, ebenso wie er die Doppelnatur einer Reihe von Schriftzeichen (siehe S. 102 f. Anm.) noch durchaus klar durchschaute.

Drittes Kapitel.
Überblicke und Ausblicke.

---

§28.
Überblick über die ursprünglichsten babylonischen Schriftzeichen.

1) Die Urzeichen

unter Beifügung der Urzeichen zweiten Ranges, der differenzierten Zeichen sowie etlicher wichtigerer Komposita.

a) Urbilder.

✳ Stern, Himmel, Gott.

◇ Sonne, aufgehende Sonne, Tag, Licht, hell sein oder werden. ◇ schwach werden, sich erniedrigen, niedrig sein oder werden (eig. niedergehende Sonne).

▯ zunehmen, voll werden, Horn des zunehmenden Mondes; Horn überhaupt. ▯ schwinden, sich wenden, zurückkehren (eig. abnehmender Mond). —

Kap. III. Überblicke und Ausblicke.

⊏ *penis*; männlich, Mann. ⋈ Mann, Diener, Knecht.
▷ *vulva*; weiblich, Weib.
◁ Auge, sehen, Antlitz, Gegenüber; auch Theil. ⌒ Bogen (urspr. Superciliarbogen).
⊂ Zunge, Sprache, sprechen, auch ⊢ geschrieben und für *me* in der Bed. „Mann" gebraucht.
▤ Hand und ▭ Arm, Kraft, Seite.
⊲ gehen, stehen.
◇ Herz. —
⇒ Ochs.
⏃ Fisch (Fruchtbarkeit).
⌞ Hund. —
⩘ Getreide, Vegetation überhaupt (vgl. ⚜ eine best. Pflanze).
⊏⊐ Holz, Baum. —
▷ spitzer Pflock, befestigen, fest machen (machen überh.). Vgl. unter b) das Motiv der Spitze >.
⅄, ⊢ ein schneidendes, zertheilendes Instrument.
→ Pfeil; zerschneiden, zertheilen, pfeilschnell laufen oder

fließen.

→ Werkzeug zum Öffnen, daher öffnen, auflösen, sich aufthun, sich erschließen; auch Auflösung i. S. v. Tod.

) ein noch nicht näher bestimmbares Geräth.

▦ Netz, Geflecht, Gefüge. ▦ Haus, ▦ Thor.

b) Urmotive.

□ Umschließung, Umfassung. ◁ Raum. ⊞, ⊞, ⊞ fassen,
umfassen, Kleid, Umhüllung u. dgl. ⊞ umfassen, umschließen, differenziert ⊞, mit ▭ : ▭, ▭. Ferner ▭,
wovon ▭ Mauer; ◁ Wohnraum.

⌐ Seite.

◇ Kreis, Umfang, Gesamtumfang, Maße u. dgl. Komponiert
◇ nebst Ableitungen (§16).

◇ Orientierungsmotiv. Differenziert ✳ Himmelsgegend.
◇, ◇; komponiert ◇, ◇, ◇. Halbiert
▷, ▷, ▷ (§20).

⌐ im Gleichgewicht sein; voll sein. Gedoppelt ⊤⊤, differenziert
⊤⊤, ▷ u. ä. voll sein, strotzen.

Kap. III. Überblicke und Ausblicke.

〰, 〰 Licht- und Wasserwellenmotiv. ⧘ Strahl, differenziert ⧙ Wasser; 〰 befruchten.

∠ deprimere, niederdrücken, depressio, Senkung, Loch u.s.w.

∧ biegen, beugen, sich niederbeugen (auch Kamelhöcker).

< oder > Spitze. ≪ Gebirg, ⋛ Ohr. ⟁ Kopf, woraus sekundär ⟅ Mund. ⋈ Dolch. Für dieses und das vorhergehende Motiv siehe auch unten das Zeichen für „Mensch".

† viell. Auszeichnung.

⌣, ⋁ Bogen, Kurve.

⋋, × schützen.

⋈ lang sein.

⇛ spalten(?).

=⋖= Ausdehnung, Maß(?).

⋀, ⋀〰 Mensch (auf den Erdboden niedergeworfen und anbetend, lâbin appi).

c) Zur Schriftbildung verwendete Zahlzeichen.

— eins (in sich abgeschlossen, kompakt); ebenso vielleicht |.

= doppelt, Genosse, ⋈ Geleise, Bahn, Weg, Eingang (").

§ 28. Überblick über die Urzeichen.

≡ oder ⦀ Potenzierungs-, Steigerungsmotiv (卌, ≡⊢, ▯ groß). ≡≡ *i* (eig. „fünf"), ⦀ *aš* (eig. „sechs").
< *zehn, u.* ⋘ *dreißig.*

2) Die Urzeichen allein.

Urbilder: ¹✳ ²◇ ³▯ ⁴⟜ ⁵▷ ⁶◁ ⁷⌒ ⁸≣ und ⁹⟝ ¹⁰◇ ¹¹▷ ¹²⟨⟩ ¹³⌐ . ¹⁴⫴ ¹⁵▭ ¹⁶▷ ¹⁷⋎ ¹⁸⤳ ¹⁹→ ²⁰) ²¹𝍢 .

Urmotive: ²²▢ ²³⌐ ²⁴◇ ²⁵◈ ²⁶⊤ ²⁷⦀ und ≋ ²⁸⌊ ²⁹∧ ³⁰< oder > ³¹+ ³²∨ ³³× ³⁴⋈ ³⁵⦀ ³⁶≡⃫ . Dazu ³⁷△.

Zu diesen Urzeichen, den Urbildern sowohl wie den Urmotiven, werden im Laufe der weiteren Untersuchungen noch andere hinzutreten, doch werden diese, insoweit ich die Sachlage übersehe und beurtheile, nicht so zahlreich sein, um die Gesamtzahl der babylonischen Urzeichen, aus welchen das ganze System von 400 Zeichen entwickelt worden ist, auf mehr denn 45 oder höchstens 50 zu bringen.

§ 29.

Veranlagung und Kultur des Volks der Schrifterfinder.

Wir hatten im ersten und zweiten Kapitel wiederholt Gelegenheit, auf die Begabung des sumerischen Volkes für abstraktes Denken und für Kombinieren, für Zahlen- und Raumverhältnisse und alles, was Mathematik heißt, hinzuweisen, eine Veranlagung, welche sich im sumerischen Schriftsystem deutlich genug ausspricht. Wir sahen, daß die Schrifterfinder sich viel lieber an der graphischen Wiedergabe von Begriffen wie „Staub" und „Wind" oder ganz abstrakten Ideen wie „Name", „Gnade", „fruchtbar sein" versuchten als daß sie einen Fisch oder eine Kornähre zeichneten, und daß sie Gegenstände wie z. B. einen Thürflügel oder Thiere wie z. B. einen Wurm viel lieber nach ihren Eigenschaften schriftlich bezeichneten als daß sie die betreffenden Objekte malten.

Die sumerischen Schriftzeichen gestatten uns aber auch einen Ausblick auf die Kulturentwickelung des Volkes zur Zeit der Schrifterfindung. Der folgende Versuch, ein Kulturbild jener uralten Zeit zu skizzieren, gründet sich ausschließlich auf diejenigen Schrift-

§ 29. Die Kultur des Volks der Schrifterfinder.

zeichen, welche dem Grundstock des sumerischen Schriftsystems zuerkannt werden müssen. Zeichen, bei welchen die Möglichkeit oder der Verdacht vorliegt, daß sie verhältnißmäßig jüngeren Ursprungs sind, wie etwa die Ideogramme für „Zeder" und „Wein", desgleichen natürlich sämtliche Zeichengruppen – mit ganz wenigen wohlbedachten Ausnahmen – blieben grundsätzlich ausgeschlossen.

Der Landstrich, in welchem das Volk der Schrifterfinder wohnte, war unermeßlich fruchtbar, die Vegetation des an Wasser und Sonne überreichen und durch ein vielmaschiges Netz von Kanälen und Rinnen sowie durch andere Vorkehrungen auch noch künstlich bewässerten Bodens war die denkbar üppigste: die Dattelpalmen strotzten von Früchten und Wälder riesiger Rohre bedeckten die weiten Marschen am Gestade des Meeres.

Ackerbau und Viehzucht waren die Friedensbeschäftigungen der Bevölkerung: mit Hülfe des Pflugs(?) lockerten sie den Boden zur Aufnahme des Samens und reiche Saat entsproß dem Schoße der Erde; sie pflanzten Gartenbeete und Gärten, während auf den Wiesen Heerden von Rindern, Schafen und Ziegen weideten, von Hirten, den Stab in der Hand, gehütet und bei Nacht in Hürden auf dem freien Feld eingepfercht. In der sumerischen Familie war das weibliche Geschlecht dem männlichen gegenüber untergeordnet: das Weib war den Sumeriern hauptsächlich Kindergebärerin und die Nachkommenschaft eine aufserordentlich zahlreiche. Der Vater war der Schutzherr des Hauses, unterstützt von den Söhnen, welche ebenfalls zum Schutz der Familie, vornehmlich der jüngeren Geschwister und obenan wohl der Schwestern mit beitrugen. Besonderer Auszeichnung hatte sich, wie es scheint, der Schwiegervater zu erfreuen. Brot und Baumfrüchte, Milch und Butter, Wasser und der aus den Datteln geprefste berauschende Saft diente als Speise und Trank. Aufser Rindern, Schafen und Ziegen hatten sie Hund und Esel als Hausthiere. Fischen und Vögeln wurde mit Netzen nachgestellt, und besonderes Vergnügen fand man daran, Vögel zu fangen und in den Käfig zu sperren. Von wilden Thieren war ihnen der Wildochs bekannt. Auch Schlangen gab es; vor allem aber verkümmerte die Massenhaftigkeit des Ungeziefers das paradiesische Leben jener Ur-

§ 29. Die Kultur des Volks der Schrifterfinder.

ansiedler. Als Kleidung dienten ihnen vornehmlich Thierpelze, und die im Lande selbst und den benachbarten Gegenden gefundenen Edelsteine wurden zu allerlei Schmucksachen verwendet.

Man wohnte ursprünglich in Hütten aus Rohrgeflecht, sehr frühzeitig aber baute man auch Häuser aus Backsteinen, für welche der babylonische Alluvialboden ein unerschöpfliches Material besten Lehms darbot, und verband diese mittelst des gleichfalls in reicher Menge sich findenden Asphalts zu einem festen Gefüge. Balken dienten zur Bedachung der hauptsächlich zum Schutz gegen die Sonnenstrahlen bestimmten Wohnstätten, welche von geräumigen und umschlofsenen Hofräumen umgeben waren. Die Thüröffnung konnte durch Thürflügel geschlofsen und der Verschlufs mit einem Riegel noch weiter gefestigt werden. Hölzerne Pflöcke dienten als Befestigungsmittel. Eine Mehrheit von Häusern, also eine gröfsere Niederlafsung, welche natürlich auch Cisternen besafs, war von einer Mauer umschlofsen, bestimmt, feindlichem Eindringen zu wehren. Für den Verkehr der Wagen und Karren, an welche die Zugthiere gejocht wurden, gab es besondere Bahnen oder Straßen. Die Todten wurden begraben: die Begräbnißstätte, durch welche es hinab zum Land der Nimmerwiederkehr ging, galt als „finstere Behausung" sowie als „große Stadt," welcher alle Menschen als Bewohner bestimmt sind.

An der Spitze einer oder mehrerer Niederlassungen stand ein „großer Mann" oder König (lu-gal), welcher, seiner Würde entsprechend, in einem „großen Hause" oder Palast (ê-gal) residierte. Die Bewohner der Niederlassung waren seine Werkzeuge oder Unterthanen und bildeten in ihrem Komplexe das Volk. Der König fungierte als Richter und zugleich als Führer im Kampf wider die Feinde. Mit Bogen und Pfeil, Dolch und Schwert bewaffnet, rückte man zum Krieg aus gegen die Feinde und machte die Kriegsgefangenen zu Sklaven und Sklavinnen.

Das Wiedererscheinen der Mondsichel bildete den Hauptzeitmesser: die Neumondsichel bezeichnete den Anfang, der Vollmond die Mitte des Monats, welcher zu je 30 Tagen gerechnet wurde. Der abnehmende Mond galt ebenso wie die niedergehende Sonne als Symbol des Schwachwerdens, Schwindens, Zurückkehrens.

§ 29. Die Kultur des Volks der Schrifterfinder.

"Schwarz" war ihnen die Farbe der Nacht, "weiß" der licht anbrechende Morgen; gelb und grün erschien ihnen grell, dagegen war ihnen alles Dunkle, z.B. das Graubraun der Wolken, "volle", gesättigte Farbe.

Der gestirnte Himmel war ihnen der Wohnsitz der Götter, obenan des Himmelsgottes, des Mond- und Sonnengottes, denen gegenüber der Mensch nichts als ein Knecht, ja ein Hund ist, verpflichtet, in tiefster Ehrerbietung, das Antlitz auf die Erde geworfen, anzubeten. Ein bestimmtes, mit besonderer Fürsorge und Pracht gebautes Haus, in welchem eine nach allen Seiten dem profanen Blick entzogene Kammer das Bild der Gottheit barg, diente speziell als Stätte der Anbetung. Opfer und Gebet wurden als den Göttern besonders wohlgefällig erachtet. Ein solches Gotteshaus war mit seinem Fundament genau nach den vier Himmelsgegenden, nach Nord (der "geraden" Richtung), Ost, Süd und West ausgerichtet und von einem ebenso orientierten Wall umschlossen. Die Sitte wurzelte in der Vorstellung, daß die ganze das Fundament des Himmelspalastes bildende Erde nach den vier Weltgegenden ausgerichtet sei. Neben den Göttern des Himmels verehrten jene Uransiedler am persischen Golf auch Meer- und Wassergottheiten, obenan die Göttin Gur. Auch furchtsamer Aberglaube war im Schwange: auf der Steppe trieben allerlei Sturmdämonen ihr Unwesen, und auch die Manen der Verstorbenen konnten als Gespenster Verderben bringen. Im Feuer, welches durch Drehung eines Holzes in einem andern Stück Holz erzeugt wurde, verehrte man den speziellen Helfer wider allen finstern Spuk, der Feuergott galt als Bezwinger jedweden Bannes. Auch die Priester befaßten sich neben dem eigentlichen Tempeldienst mit Beschwörung oder Niederwerfung der feindlichen dämonischen Mächte, obenan der Krankheiten, im Namen der Götter und waren als Magier hochangesehen. Die Priester waren zugleich die Träger der höheren geistigen Bildung. Auch die Schrifterfindung war, wie schon das Zeichen für „Mensch" verräth, ein Werk der Priester.[1]

---

[1] Wie bereits bemerkt, blieben für den Entwurf dieses Kulturbildes die Zeichengruppen mit wenigen „wohlbedachten Ausnahmen" unberücksichtigt. Doch wird man sich vor Übertreibungen hüten müssen. Wenn z. B. Sayce, Lectures upon the Assyrian Language, p. 152 aus dem Fehlen eines einheitlichen Zeichens für „bitumen, the peculiar product of Chaldea" schließen will, daß die Keilschrift nicht in

§ 30.

Ausblick auf das phönizische Alphabet.

Die in § 28 gegebene Übersicht über die Urzeichen der babylonischen Schrift fordert noch eine weitere Schlußbetrachtung heraus. Fast unwillkürlich drängt sich die Frage auf, ob nicht Aussicht vorhanden ist, daß die Enträthselung des Ursprungs der babylonischen Schriftzeichen, falls dieser mein Versuch als geglückt anerkannt werden sollte, auch auf das andere große paläographische Räthsel des Ursprungs des phönizischen Alphabets einiges Licht werfe.

Die Vermuthung, daß die phönizische Schrift in der babylonischen ihren Ursprung habe, ist schon wiederholt ausgesprochen worden¹, doch kann von irgendwelcher ernsten und wissenschaftlichen Beweisführung noch nicht die Rede sein. Dieses Letztere

---

Babylonien selbst erfunden sein könne, so wird er überhaupt darauf verzichten müssen, auf unserem Planeten ein Land für die Erfindung der Keilschrift zu entdecken: denn wo gäbe es ein Land ohne „Regen" (⋈ ⋊) und Menschen ohne „Thränen" (⋈ ⋉)?

¹) Auch z. B. von Paul Haupt, welcher in Vol. VII, 1888, N:. 64 der Johns Hopkins University Circulars bemerkt: „Some of the cuneiform characters bear a striking resemblance to the oldest Phoenician forms of the Semitic alphabet whence all our

gilt auch von dem Versuche *Hommels* auf S.54 seiner "Geschichte Babyloniens und Assyriens" (Berlin 1885). Hommel glaubt die große Mehrzahl der phönizischen Schriftzeichen unmittelbar aus den altbabylonisch-archaischen Zeichen herleiten zu können. Die letzteren werden natürlich zunächst aufrecht gestellt, worauf es sofort an das Vergleichen und Gleichsetzen geht:

Bêth ⊣ (Hommel: ∋) = ⊞ (gemeint ist ⊞ *bîtu* "Haus"),

Gimel 1 = ⊢ *gimillu* "Gabe" (weder Zeichen noch Bedeutung sind mir bekannt),

Dâleth △ = ⊞ bezw.(!) ▽ (gemeint ist ⊞ → *daltu* "Thür"),

Nûn 𐤍 = ◊ (gemeint ist ◊ *nûnu* "Fisch"),

Rêsch ۹ (soll heißen ◁; Hommel verwechselt in der Eile Qôph und Rêsch, kommt aber trotzdem zu einer "frappanten Übereinstimmung") = ⫪ bezw.(!) ◁ (gemeint ist ◁ *rêšu* "Kopf");

---

modern alphabets were derived. It seems quite probable that the Phoenician alphabet is not based on the Egyptian hieroglyphics as is commonly asserted, but on the Mesopotamian wedge-writing. It is well known that Pliny, VII, 192, says: "Litteras semper arbitror Assyriis fuisse, sed alii apud Aegyptios a Mercurio, ut Gellius, alii apud Syros repertas volunt."

Mêm 𓏭 vielleicht = 𒈨𒈨𒈨 (gemeint ist ⟨𒈪𒋗 mûšu „Nacht", Sylbenwerth mi).

Über diese — unzarte Behandlungsweise des angeregten Problems ein mafsvolles Urtheil zu fällen, ist unmöglich, und ich beschränke mich defshalb auf die gewifs aller kompetenten Beurtheiler Zustimmung findende Behauptung, dafs, wenn die Zukunft die Entstehung des phönikischen Alphabets aus dem babylonischen Schriftsystem herausstellen sollte, Hommel an diesem Resultat unschuldig ist.[1]

Die Annahme, dafs die phönikische Schrift zu der babylonischen in irgendwie verwandtschaftlicher Beziehung stehe, ist von vornherein sehr wahrscheinlich. Alle Versuche, die phönikischen Schriftzeichen aus der hieratischen oder hieroglyphischen Schrift der Ägypter abzuleiten, haben mit einem nicht länger zu läugnenden vollständigen Fiasko geendet. Und trotzdem kann von einer absoluten Neuerfindung bei der phönikischen Schrift auch kaum die Rede sein. Sie entstand in Kanaan, also in ei-

---

[1] Dafs ich des Rev. C. J. Ball Aufsatz über „The Origin of the Phoenician Alpha-

rem Lande, welches einerseits mit Ägypten Jahrhunderte lang in engstem politischen und kulturellen Konnex stand und in welchem andererseits noch kurz zuvor, wie die El-Amarna-Briefe beweisen, ja sehr möglicherweise noch unmittelbar zuvor die babylonische Schrift als Vermittlerin des diplomatischen Verkehrs gedient hatte. Nichts ist a priori wahrscheinlicher als daſs die phönikische oder kanaanäische Schriftbildung in Anlehnung an diese beiden älteren Schriftsysteme, das ägyptische und das babylonische, erfolgte. Da wir nun wiederholt zu konstatieren hatten, daſs die babylonischen Schriftgelehrten der Mitte oder des Endes des zweiten vorchristlichen Jahrtausends, wie z. B. der Verfasser des neubabylonischen Syllabars S^b, über den Ursprung ihrer Zeichen und über die Entstehung ihrer Schrift aus einem System verhältniſsmäſsig weniger, möglichst einfacher und geradliniger Fi-

---

bet" in PSBA XV, 1893, p. 392 ff. unerwähnt oder unberücksichtigt lasse, wie ich dies in Kap. I und II mit andern Abhandlungen des nämlichen Verfassers, vor allem jener über "The Accadian Affinities of Chinese" gethan habe, wird mir kein Assyriologe verargen. Wer daran denken kann, in dem Zeichen ⌂ das Bild eines Daches zu sehen, unter welchen 4 Männer Zuflucht suchen (⌂); wer vor Wortvermittlungen wie es "Haus" = gu = gur, (g)uru, gun, unu, "Wohnung" nicht zurückschreckt; wer das Unerhörte leistet, drucken zu lassen: "Accadian dumu-zi, piſ, Tammouz (the Shrine-

§ 30. Rückblick auf das phönizische Alphabet.

guten nach vollkommen unterrichtet wären und jeden, der es wissen wollte, hierin unterrichten konnten, so dürfte in der That die Möglichkeit gegeben sein, daß die kanzanäische Konsonantenschrift unter dem Einflusse des ägyptischen sowohl wie des babylonischen Schriftsystems hervorgegangen und als eine äußerst geschickte Verschmelzung der beiderseitigen Vorzüge dieser Schriftarten zu betrachten ist. Der oder die kanzanäischen Schriftbildner entnahmen der Hieroglyphenschrift, welche z. B. das Bild des Löwen, $laboi$, für den Konsonanten l, das Zeichen für Hand, tot, für den Konsonanten t verwendete, das große Grundprinzip der Akrophonie, während sie von den babylonischen Schriftgelehrten lernten, Gegenstände und Begriffe mittelst ganz einfacher, mehr andeutender als ausführender, und möglichst geradliniger Figuren zum graphischen Ausdruck zu bringen, wobei sie sich gleichzeitig großer Wahrscheinlichkeit nach in der Wahl der betreffenden Gegenstände durch die

---

god), is a compound ($dum = dam$; $zi = zig$, sig, si). It survives in the Turkish $domuz$, pig. The dialectic $gunu-nsiz$ reappears in the Semitic loan-words $\underline{humsiru}$, $\underline{chinzir}$, $\underline{hazir}$, רזיח also Ein Wort mit ר״זח, der kann beim besten Willen nicht ernst genommen werden. Ich fürchte, selbst dem Gott Tammuz dürften Gaben wie diese nicht wohlgefällig sein.

babylonische Schrift beeinflussen ließen.

Was das Letztere betrifft, so scheint es in der That in hohem Grade denkwürdig, daß von den 22 phönicischen Schriftzeichen:

Aleph	Beth	Gimel	Daleth	He	Waw
Zain	Cheth	Teth	Jod	Kaph	
Lamed	Mem	Nun	Samech	Ajin	Pe
Sade	Qoph	Resch	Schin	Taw	

nicht weniger denn 15 Gegenstände oder Begriffe zur Darstellung bringen, welche auch in der babylonischen Schrift durch Urzeichen ersten oder zweiten Grades (s. die erste Übersicht des §28) Ausdruck gefunden haben. Es sind die – oben unterstrichenen – Zeichen für Auge (Ajin), Mund (Pe), Kopf (Resch), Hand (Kaph), Hand mit Unterarm (Jod); Rind (Aleph), Fisch (Nun); Haus (Beth), Thür (Daleth), Fischernetz, oder Fischerhaken, Sade), Pflock (Waw); Umfassung (Cheth), Wasser (Mem), Biegung, speziell Kamelhöcker (Gimel), Auszeichnung, Kreuz (Taw). Dazu kommt vielleicht noch das Zeichen für den Stecken (Lamed), wenn, wie es den Anschein hat,) ein Geräth zum Antrei-

---

1) ... Thatsache reicht hin zu dem Beweise, daß die phönicische Schrift durchaus

§ 30. Ausblick auf das phönizische Alphabet.

ben und Lenken des dem Menschen dienstbaren Thieres darstellt. Für Zahn (Schin) gebraucht die babylonische Schrift das Zeichen für „Mund". So fehlen also im babylonischen Urzeichen-System von den phönikischen Zeichen nur 5, nämlich Samech („Stütze") sowie He, Zain, Teth, Qoph, deren Namensbedeutung überhaupt noch unaufgeklärt ist.¹

Außer dieser auffallenden Übereinstimmung in der Auswahl der den Schriftzeichen zu Grunde gelegten Gegenstände verrathen möglicherweise auch die Zeichenbenennung im Allgemeinen und einzelne Zeichennamen im Besonderen babylonischen Einfluß. Es ist ja an sich nur natürlich, daß man die Zeichen nach demjenigen benannte, was sie darstellten, darstellen sollten, aber erwähnenswerth bleibt es darum doch, daß auch die Babylonier solche Namen wie bêtu (bîtu) „Haus", kalbu „Hund", kisâdu „Nacken" nannten und gebrauchten. Was die phönikischen Zeichennamen selbst anbelangt, so ist zuvörderst deren echt kanaanäischer Charakter nachdrücklich zu betonen: besitzt doch von allen semitischen Sprachen außer dem Ba-

---

nicht von Nomaden erfunden zu sein braucht, so wenig als die sumerischen Schrifterfinder Nomaden gewesen sind.

1) Den Namen Qoph (קוף) im Hinblick auf arab. قفا „Hinterkopf" zu deuten, ist

bylonischen (ālpu, taltu) nur das Kanaanäische die Wörter āleph „Rind" und dāleth „Thürflügel, Thür", und ist doch auch wāw „Nagel, Pflock, Haken" spezifisch kanaanäisch. Auf der andern Seite freilich trägt das Kanaanäisch der phönizischen Zeichennamen unverkennbare babylonische Spuren: ḫêtu (ח׳׳ת) „Einfassung, Umfassung" ist bislang überhaupt nur im Babylonischen zu belegen, nūnu „Fisch" ist babylonisch (hebräisch heißt der „Fisch" דג), rêšu ist das babylonische Wort für den „Kopf", die so auffällig benahte i-Krasiaussprache des Wortes für „Zahn", Schîn (Šin) erinnert an babyl. šin, šinnu „Zahn", und die Monophthongisierung von ai, wie sie in Bêth (= ב׳׳ת) und Mêm (= מ׳׳ם) erscheint, ist bekanntlich eines der babylonischen Lautgesetze.

Ob und inwieweit die phönizischen Zeichenformen auch die babylonischen Urzeichen beeinflußt sind, ist eine Frage, der ich am liebsten aus dem Weg gehen würde, um dieses Buch nicht mit

---

noch weit weniger berechtigt als wenn man babyl. kuppu „Vogelkäfig" zur Vergleichung heiziehen wollte.
1) Auch der Name Jōd erklärt sich einzig und allein als verdumpftes kanaanäisches (hebräisches) יד, Jād (Jādh).
2) Auch aramäisch-arabisch, doch ist dies für obige Darlegung gleichgültig.

§ 30. Ausblick auf das phönizische Alphabet.

Hypothesen zu schließen. Und doch läßt sich die Frage nicht todt-
schweigen. Die phönizische Schrift bezeugt so viel schöpferisches Ta-
lent, daß es unverständlich wäre, wenn nicht eine Reihe von Zeichen von den kanaanäischen Schriftbildnern selbständig erson-
nen sein würde. So gewiß Υ „Haken, Pflock", ◁ „Thür" und
andere. Aber ganz und gar dürfte babylonische Beeinflussung
auch der Zeichenformen doch nicht in Abrede zu stellen sein,
zumal wenn man bedenkt, daß die phönizischen Schriftbildner
augenscheinlich auf möglichste Vereinfachung ihrer Zeichen bedacht waren.

Als besonders bedeutsam will es mir immer erscheinen, daß
die babylonische und die phönizische Schrift gleicherweise eine
„Hand mit Arm" und eine bloße „Hand" unterscheiden: babylonisch
𒀭 und 𒅑, phönizisch ⌐ und ⊣ — sollten die beiden letzteren
Zeichen nicht vielleicht auch ihrer Form nach den ersteren verwandt,
das heißt, aus ihnen, soweit dies irgend zulässig, verkürzt und
differenziert sein? — Man nimmt allgemein an, daß das phönikische Aleph ⋉ in rohen Umrissen einen Ochsenkopf darstelle („ei-

nen Rindskopf mit Ohren und Hörnern", Stade, Hebräische Grammatik, S.32) — sollten die Phönikier unabhängig von den Babyloniern auf den nämlichen Gedanken verfallen sein, den Begriff „Ochs" mittelst des Kopfes eines Ochsen auszudrücken? Wenig wahrscheinlich, zumal da sich ⋏ als „Ochsenkopf" doch eigentlich erst begreift, wenn man es als vereinfachte Kursivschreibung von ⇒ betrachtet. —
Das babylonische „Urmotiv" ⌐ bedeutet „biegen, beugen, sich niederbeugen" (sumer. gam, Zeichenname gammu) und wurde weiterhin auch als Ideogramm für „Kamelhöcker" gebraucht — es deckt sich mit ⌐ Gimel ebenso vollständig wie babyl. ✗ „Auszeichnung" mit phönik. ✗ Tāw „Kreuz". — Für das babylonische „Urmotiv" ☐ mit der Bed. „Umfassung, Umschließung" drängt sich das gleichbedeutende phönikische ⊢ (⊢) als auch formell nächstverwandt von selbst auf. Dagegen möchte ich die Frage, ob in den beiden Zeichen für „Kopf, Spitze" (Resch) und für den spitzen „Zahn" (Schin), ⋀ und W, das babylmische Motiv der „Spitze", ⟨, ⟩ (V), und in dem Zeichen für „Wasser" (Mem), W, das babylonische Wellenmotiv, ≋ oder ≋, in denen verein-

§ 20. Ausblick auf das phönizische Alphabet.

fachster Form wiederzuerkennen sei, zur Zeit weder bejahen noch verneinen.

⟶

Verzeichniss
der besprochenen Keilschriftzeichen.

Die Zahlen bedeuten die Seiten.

Zeichen	Seiten	Zeichen	Seiten
𒀸	69. 125. 143. 154f. 160.		53.
	16. 75f. 117.		55.
	69. 109.		53f.
	139f.		53.
	138ff.		53.
	138ff.		53.
	111f.		vgl. §23.
	74ff.		122f.
	109.		93.
	102.		55. 79.
	15.		79. 109.
	183f.		143.
	53.		151f.

Index. 233

𒌋	163f.	𒃾	129. 176f.
𒈨	134f.	𒐊	97. 137-143. 161ff.
𒎌	133f.	𒐊𒌋	42. 137.
𒀸	58.	𒐊𒁹	91f. 137.
𒉿	34f. 114-120.	𒄀	69f.
𒉿𒀀	45.	𒄿	54f. 103.
𒉺	94f.	𒐍	100. 162f.
𒐏	157.	𒉡	71f.
𒌋	103. 108-122.	𒁁	63. 65. 71f.
𒁹	124f.	𒌝	54. 142f. 159. 165f. 169.
𒌋𒌋	112-114.	𒌝	103. 159f.
𒀊	103. 141. 163f.	𒁀	177.
𒁀	100.	𒁁	70f.
𒁀𒐊	137f.	𒊭	74.
𒁀𒆪	131f.	𒊭𒊭	123.
𒁀𒀀	160.	𒁹	86f.
𒁀𒁹	128. 131f.	𒁹𒀀	91.
𒁀𒉿	23ff. 126ff.	𒁹	12f. 67. 84f. 159. 169.

𒀭	63. 65. 67. 85.	𒂗	179.
𒀸	75. 183 f.	𒂍	192 f.
𒀸𒊏	69.	𒂍	103 f.
𒀹	85. 174.	𒂍	101 f.
𒀀	45. 47.	𒂷	12 f. 16. 58 f. 77.
𒀊	77 f.	𒂷	12 f. 57 f.
𒀊	56 ff. 67 f. 92.	𒂷	85. 173. 192 ff.
𒀊	45.	𒂷	127. 136.
𒀊	47 f.	𒂷	16. 30. 51. 193.
𒀊	148 f.	𒂷	107. 132 f. 184. 188.
𒀊	148 f.	𒂷	107 ff. 188.
𒀊	186 ff.	𒂷	107 f.
𒀊	167.	𒂷	29. 125 ff.
𒀊	121. 186 ff.	𒀸	45 ff. 82. 108. 118 ff. 167.
𒀊	154. 186 f.	𒀸	101 f. 144 f.
𒀊	187.	𒀸	101.
𒀊	187.	𒀸	56.
𒀊	178 f.	𒀸	96. 177 f.

Index. 235

𒈗	179.	𒃻	63. 65. 68f.
𒃻	66. 73. 192.	𒃻	120f.
𒃻	137. 164f.	𒃻	59. 121f.
𒃻	66.	𒃻	120.
𒃻	59f. 63. 65. 68. 92.	𒃻	50f. 170f.
𒃻	57.	𒃻	121.
𒃻	57.	𒃻	121.
𒃻	57. 121. 187.	𒃻	168.
𒃻	78.	𒃻	u. s. w. 171.
𒃻	78.	𒃻	158.
𒃻	63ff. 68.	𒃻	50.
𒃻	16f. 28. 68.	𒃻	50.
𒃻	149. 151.	𒃻	16. 77f. 104. 177f. 186f.
𒃻	16. 92f. 163f.	𒃻	16. 29. 179.
𒃻	55.	𒃻	175.
𒃻	123f.	𒃻	105ff.
𒃻	69f. 135.	𒃻	103. 142f.
𒃻	103f. 121ff. 126ff. 190f.	𒃻	166f.

𒐻	103. *168f.*	𒌋	*97. 163.*
𒐼	*168f.* 207.	𒌅	*63f. 71.*
𒈨	16. 165.	𒂊	vgl. §10.
𒅔	*98ff.*	𒈾	63. 65. 73.
𒀸	*166f.*	𒌑	63. 65. *72f.*
𒀹	44. 121.	𒀀	*78.*
𒁍	78.	𒀊	42. 63f. *72.*
𒁺	74.	𒄑	*133f.* 178.
𒈩	*158f.*	𒂍	15. *179.*
𒄀	63. 65. *70.*	𒂗	*144f.*
𒆪	23. *193f.*	𒀭	28.
𒄷	*116f.*	𒀭	28. *125f.* 132–136.
𒈬	*94ff.*	𒀭	67.
𒉡	*180ff.*	𒀭𒆤	136.
𒈝	*79ff.*	𒀭𒉺	63f. *67.*
𒋢	81–84. 206.	𒀭𒉽	*67.*
𒍑	*180f.*	𒀭𒈾	136.
𒂊	143. 184.	𒀭𒅆	*172f.*

Index.

Sign	Refs	Sign	Refs
𒀸	85. <u>173</u>.	𒌋𒈠	154.
𒀹	103. 168.	𒌋𒁹	<u>123</u>. 153.
𒀭	16. 37. 42. 123 f. 148 f. 152.	𒌋𒀭	<u>156</u>.
𒀭𒁹	42. 91. 167.	𒐏	66. <u>147</u>.
𒀭𒌇	55.	𒌇	131. <u>154 f</u>.
𒀸𒀹	28.	𒌇𒀀	154. 187.
𒀸𒐊	85.	𒌇	93. 182 f.
𒀸𒐕	<u>189 f</u>.	𒌇	183.
𒀸	<u>102</u> f. 142 f. 144. 152.	𒌇	78.
𒀸𒐊	101 f.	𒌇	<u>185 f</u>.
𒀸𒀀	103.	𒌇	154.
𒀀	<u>89</u> f. 146 f. 160. 191.	𒌋𒁹	154. 167.
𒀀𒀭	19. 55 f. 137.	𒌋𒁹	<u>123</u>. 153.
𒀀𒑊	<u>175</u> f.	𒌋	<u>146</u> ff. 151.
𒀀𒁹	157.	𒌋𒀭	<u>150</u>.
𒀀𒌇	150.	𒌋	<u>154 f</u>.
𒀀𒅗	85.	𒌋𒀭	155.
𒀀	54. 78. <u>152</u> ff. 156 f.	𒌋	<u>153</u> f. 167.

𒌋𒁹𒌋	167.	𒈦	16. 29. 190.
𒌋𒈨	154.	𒈦𒈠	44. 190.
𒆠	15. 111f. 139f. 185f.	𒈦𒈠𒀭	91.
𒆠𒐼	49.	𒈦𒈠𒅗	85.
𒆠𒀀	49f.	𒆤	60. 92. 98. 112. 132. 161. 186ff.
𒆠𒈦	49. 187.	𒆤𒈾	76f.
𒆠𒄿	48f. 144.	𒆤𒀀	112f.
𒆠𒌋	49f. 110f. 112. 179.	𒆤𒆷	60.
𒆠𒋙	48f.	𒆤𒁹	54. 113.
𒆠𒌒	175.	𒉺	44.
𒆤	91f. 207.	𒈨	20. 161ff.
𒆠	90f. 94. 156f.	𒈨𒐈	123. 162.
𒆠	124. 174.	𒈨𒐊	140f.
𒆠	54.	𒈨𒐋	97f. 146. 151. 162f. 188.
𒅗	87–89. 145.	𒈨𒐌	50. 102f. 109f. 188.
𒅗𒐍	143.	𒈨𒐎	96.
𒅗 𒁁 Bez. 𒐊 42.		𒈨𒐏	141f. 188.
𒄘	154.	𒈨𒐐𒈠	155.

Index.

𒀭	141f. 145.		45. 122.
𒀸	54. 88. 152ff. 156ff.		160. 191.
	157f.		160.
	157.		131f.
	157.		16. 191.
	157.		16. 130. 160.
	16. 28f. 161.		123. 130f. 154.
	51f.		15. 70f.
	161f.		88. 145.
	93.		65. 73. 184.
	122.		73.

Verbesserungen:

Statt _Menant_ lies durchweg: _Ménant_.

S. 16, Z. 10 lies: und welche nur.

S. 39, Z. 5 lies: s. oben S. 7.

S. 44, Z. 11 lies: oben S. 13.

S. 55, Z. 13 lies: im altbabyl. 🔷.

www.ingramcontent.com/pod-product-compliance
Lightning Source LLC
Chambersburg PA
CBHW020803230426
43666CB00007B/827